HÄDECKE

SCOTCH WHISKY
WASSER DES LEBENS

AUTOR WALTER SCHOBERT
FOTOGRAFIE CARSTEN EICHNER

RUDYARD KIPLING **WHISKY IST KEIN GETRÄNK, WHISKY IST EINE WELTANSCHAUUNG.**

TEXT **WALTER SCHOBERT**
FOTO AUF DER UMSCHLAGRÜCKSEITE VON **EBERHARD RAPP**
FOTOGRAFIE **CARSTEN EICHNER**
ART DIRECTION & DESIGN **ANDREAS PORSCH**

www.haedecke-verlag.de

WIR DANKEN DER DIAGEO DEUTSCHLAND GMBH
FÜR DIE FREUNDLICHE UNTERSTÜTZUNG.

5 4 3 2 1 | 2010 2009 2008 2007 2006
Printed in EU

ISBN-10: 3-7750-0487-8
ISBN-13: 978-3-7750-0487-9

ER GIBT MÄNNERN MUT, EHRGEIZ UND KRAFT FÜR ALLES. ER HAT DIE FARBE VON GOLD, IST KLAR WIE GLAS UND LEUCHTET NACH EINBRUCH DER DUNKELHEIT, ALS OB DIE SONNE NICHT UNTERGEGANGEN WÄRE.

O. HENRY. THE LAST BLEND

WHISKY – EINE KLEINE EINREIBUNG IST EINE LINDERUNG FÜR DIE SEELE.
SCHOTTISCHES SPRICHWORT

WHISKY GIBT ES IN VIELEN LÄNDERN DIESER ERDE – was kein Wunder ist, bedenkt man, dass mehr Schotten und Iren, oft nicht ganz freiwillig, außerhalb ihrer Stammländer lebten und leben und ihr gewohntes Getränk auch dort herstellen und genießen wollten, wo sie ihre neue Heimat gefunden hatten: in den Vereinigten Staaten (wo man, in der Regel, irisch Whiskey schreibt), in Kanada oder Neuseeland (wo man die schottische Schreibweise ohne das „e" bevorzugt).

Dass es freilich in Indien mehr Destillerien gibt als in Schottland und in Japan mehr Whisky hergestellt wird als in den USA, mag erstaunen, ist aber gut zu erklären – auch dass eine Biertrinkernation wie die Tschechen irgendwann einmal den konsequenten nächsten Schritt machten und ihr Gerstenmalz nicht nur brauten, sondern auch destillierten. Selbst Deutschland entwickelt sich zum Whiskyland, weil (wie übrigens auch in Österreich und der Schweiz) immer mehr Brenner nicht nur die traditionellen Obst- oder Kornbrände machen wollen, sondern lieber den keltischen Zaubertrank.

Das alles darf sogar Whisky heißen. Der Begriff ist nicht geschützt. „Scotch Whisky" schon. So darf sich nur ein Getränk nennen, das tatsächlich in Schottland hergestellt ist, da ist der Gesetzgeber streng. Wobei er unter „Herstellen" nicht nur das Brennen, das Destillieren versteht, sondern vor allem auch das Lagern und Reifen, für das er zwingend die Verwendung von Eichenfässern vorschreibt – allerdings lässt er offen, ob es sich dabei um neue oder alte handeln muss, und wir werden sehen, dass sich die Schotten aus guten Gründen (und eben nicht nur um das alte Vorurteil von ihrer Sparsamkeit zu bedienen) meist für gebrauchte Fässer entscheiden.

Erst nachdem es mindestens drei Jahre darin zugebracht hat, darf das, was vorher einfach „spirit" oder „new filling" genannt wird, dann auch als „Whisky" bezeichnet werden, als „Scotch Whisky" wiederum nur, wenn es dann mit mindestens 40% Alkoholvolumen in die Flaschen kommt – und wenn als Grundlage eine Maische aus nichts als Getreide gedient hat. So eindeutig diese Definitionen scheinen, sie sind es nicht oder nur für Juristen und die Produzenten, nicht aber für den schlichten Konsumenten, der plötzlich feststellen muss, dass in der Flasche, für die er sich entschieden hat, zwar Scotch ist, dass es davon aber drei verschiedene Sorten, Arten, Typen, Gattungen gibt.

Selten wird es sich dabei um einen „Single Grain Scotch Whisky" handeln, eine Sorte, die tatsächlich aus einer Maische von ganz beliebigem Getreide und darüber hinaus in der kostengünstigen Form der kontinuierlichen Destillation entstanden ist. Hat er sich für einen „Single Malt Schotch Whisky" entschieden und damit für die älteste, die ursprüngliche Form von Whisky überhaupt, dann war das Ausgangsprodukt ausschließlich reine gemälzte Gerste, die eingemaischt, mit Hefe zum Gären gebracht und anschließend in kupfernen Brennblasen destilliert wurde.

Bei 90 von 100 Flaschen freilich handelt es sich bei dem, was unser Käufer in die Hände bekommt, um einen „Blended Scotch Whisky" oder einfacher um einen „Blend", der aus beiden, aus Malt und aus Grain Whiskies besteht. Die deutsche Sprache kennt dafür das Wort „Verschnitt", das zwar korrekt den technischen Prozess beschreiben mag, aber der Philosophie der, vermutlich, erfolgreichsten Spirituose der Welt in keiner Weise gerecht wird. Von „Vermählung" zu sprechen wäre besser, von „Cuvée", von Komposition, handelt es sich doch, wenn aus oft Dutzenden von Single Malts und mehreren Single Grains ein hochwertiger Blend kreiert wird, um eine Tätigkeit, die nicht nur langjährige Erfahrung, sondern auch eine unglaubliche Menge Talent und Kunstfertigkeit und vielleicht sogar Genie voraussetzt.

Je mehr Malts dieser Blend übrigens vereinigt und je höher ihr Anteil ist, desto hochwertiger ist er. Auch das Alter ist ein Kriterium – wobei eine Jahreszahl auf dem Etikett immer nur den jüngsten Whisky nennt. Ein Johnnie Walker Black Label etwa mit der Altersangabe 12 Jahre enthält mehr als vierzig Malts, von denen viele viel älter sind: der jüngste

DIE EMANZIPATION DER FRAU IST NICHT MEHR AUFZUHALTEN, SEITDEM DIE DAMEN DAZU ÜBERGEGANGEN SIND, DEN WHISKY NICHT MEHR HEIMLICH ZU TRINKEN.
OSCAR WILDE

setzt das Limit. Die Kunst des Master Blenders besteht darin, Konsistenz zu gewährleisten. Das ist das Zauberwort, wenn es um einen Markenblend geht: immer gleicher Geschmack, immer gleiches Aroma, immer gleiches Erscheinungsbild.

Das Rückgrat für seine Kompositionen bilden die Grains, aber unverwechselbar werden sie erst durch die Auswahl der Malts. Jeder von ihnen ist ebenfalls unverwechselbar, aber diesmal, weil er einen einmaligen, ganz individuellen Charakter hat – verliehen durch mehrere Faktoren, die den Whisky jeder schottischen Brennerei einmalig machen. Ein „Single Malt" ist deshalb immer das Produkt einer einzigen, ganz bestimmten Destillerie Schottlands, ein „Single Single" oder „Single Cask" sogar nur eines einzigen Fasses, das, wenn sein Alkoholgehalt vor der Abfüllung nicht mit Wasser reduziert worden ist, „cask strength" genannt wird. Ein „vintage" entstammt einem bestimmten Jahrgang.

Als ob es nicht schon genug wäre, dass wer sich auf den Weg vom unkundigen Konsumenten zum Kenner und Genießer begibt, sich mit drei verschiedenen Arten von Scotch Whisky und von ihnen wieder mehreren „expressions" beschäftigen muss (muss? darf!) – er sollte auch noch wissen, was ein „Vatted Malt" ist: eine Art Blend unter den Malts, bei dem die Malts aus verschiedenen Brennereien vereinigt werden. Heutzutage spielt dieser machmal auch „Pure Malt" genannte Scotch – leider – kaum noch eine Rolle und ist fast vergessen.

Historisch aber darf er für sich beanspruchen, den für die Geschichte – und den Erfolg – des Scotch Whisky entscheidenden Übergang zu markieren von einem lokalen Produkt der Highlands, wie es der authentische Malt war (und seit einigen Jahren wieder wird), zu einem weltweit erfolgreichen Markengetränk wie dem Scotch Blended Whisky. Whisky, das darf man nicht vergessen, ist auch eine Industrie, ist auch Geschäft. Die Terminologie moderner Marketingstrategen wird ihm freilich ebenso wenig gerecht wie die trockener Definitionen – die schon gar nicht. Es ist Zeit, daran zu erinnern, dass er vor allem ein Genussmittel ist, für viele das schönste der Welt, und dass man ihn, zurecht, als den „king of drinks" gefeiert hat. Zeit, ein Glas zu füllen und auf ihn, mit ihm anzustoßen: „Slàinte mhat", gute Gesundheit alsdann.

NOSING AND TASTING

**WHISKY UND WEIN IN EINEM
ATEMZUG ZU NENNEN, IST
ÜBERHAUPT NICHT ABWEGIG**

WENN EINER NUR DIE GENAUE MENGE HERAUSFINDEN
KÖNNTE, DIE ER JEDEN TAG TRINKEN SOLL, UND SICH
DARAN HALTEN WÜRDE, ICH GLAUBE WIRKLICH, ER WÜRDE
EWIG LEBEN UND NIEMALS STERBEN UND DOKTOREN
UND FRIEDHÖFE KÄMEN GANZ AUS DER MODE.

JAMES HOGG, DER „ETTRICK SHEPHERD"

WHISKY UND WEIN in einem Atemzug zu nennen, ist überhaupt nicht abwegig – besonders wenn es um Bordeaux und Scotch Whisky geht und darum, sie optimal zu genießen. Da wären zuerst einmal die Parallelen zwischen einem klassischen Blend aus Schottland und einer meisterhaften Cuvée aus dem Bordelais auf der einen und jene zwischen den französischen Grand Crus und den schottischen Single Malts auf der anderen Seite. Da wären zum anderen der ungeheure Reichtum an Aromen und Geschmacksnuancen, da wären Vielseitigkeit und das verführerische Angebot an den Kenner, für jede Gelegenheit die passende Variante auswählen zu können …

Und weil die beiden so viele Gemeinsamkeiten aufweisen und weil es sich bei ihm gewiss um einen Kenner handelt, der weiß, wie man sie genießen sollte, soll hier zuerst der selige Baron Rothschild zu Wort kommen, der, den stimmungsvollen Tiraden der Weinpoeten ebenso abhold wie der schulmeisterlichen Bewertungsmanie der Punkteverteiler, einfach die schlichte Empfehlung gab: „Schlapper, schlapper – und runter damit". Freilich kann man sich des Eindrucks nicht erwehren, dass man sich diese unprätentiöse und unkomplizierte Form von Genuss viel einfacher leisten kann, wenn man Besitzer eines der größten Gewächse dieser Welt ist und schon zum Frühstück einen großen alten Jahrgang öffnen kann, um das Eigelb in ihm aufzuschlagen.

Und ganz gewiss hat Rothschilds Empfehlung überhaupt nichts zu tun mit jenem norddeutschen Sprichwort, das da lautet: „Nicht lang snacken, Kopf in Nacken", das in südlicheren Landesteilen direkter und brutaler in „Ex und hopp" übersetzt wird.

Mit Genuss hat das, natürlich, nichts zu tun. Zum Genuss gehört, das wussten schon die alten Griechen, Mäßigung, also eher die Beschränkung auf zwei Gläser als die Lust, noch ein drittes oder viertes zu füllen. Zum Genuss gehört aber auch so etwas wie Wissen und Bewusstsein – ohne dass damit ins andere Extrem verfallen und einer Haltung das Wort geredet werden soll, die meint, einen Whisky besser genießen und beurteilen zu können, wenn man ihn vorher detailliert analysiert hat, seine Aromen mit einem Chromatographen gemessen und nicht nur mit den eigenen Sinnen, der eigenen Nase und der eigenen Zunge erspürt hat. Es ist

eine Gratwanderung, wie beim Essen: um das wunderbare Gericht eines
großen Koches genießen zu können, muss man nicht sein Rezept kennen –
es kann aber helfen.

Ganz entscheidend für das Genießen und Genießenkönnen ist die
Situation. Vielleicht ist das überhaupt das Zauberwort, wenn es um den
Genuss von Scotch Whisky geht, und zwar in doppelter Hinsicht. Denn
wenn es stimmt, dass es, außer Wein, kein Getränk gibt, das so vielseitig ist
wie schottischer Whisky, dann wäre es grundfalsch, immer nur den gleichen Whisky zu trinken. Vielmehr kommt es darauf an, siehe die zitierte
Werbung für Bordeaux, in sicherlich langwierigen und auch langdauern-
den, dafür aber wunderschönen Übungen herauszufinden, welcher Whisky am besten zu welcher Gelegenheit passt, welcher Whisky wann den
größten Genuss bietet.

Die Situation ist aber auch wichtig für die Beantwortung der zweiten Frage: Welcher Whisky wie zu genießen ist. Eingefleischte Whiskyliebhaber wissen, dass es ein Riesenspaß ist, zuhause einen bis dato unbe-
kannten Malt zu öffnen, sich behutsam ein Glas einzuschenken, es zu
beschnüffeln, einen kleinen Schluck zu probieren – und dann anzufangen,
ihn zu „justieren", sich ihn zuzubereiten, dass er, hier, jetzt, optimal duftet
und mundet. Kann sein, dass sich unser Liebhaber eine Pipette holt, um
einem Whisky, der ihm, hier, jetzt, ein wenig zu sehr in die Nase beißt, ein
kleines bisschen zu scharf ist, mit ein paar Tropfen Wasser diese Schärfe zu
nehmen. In einer Bar würde der gleiche Whiskyliebhaber mit seiner Pipette
ziemlich Aufsehen erregen.

Was beim Genuss in den eigenen vier Wänden, wenn man vor einem
Kamin und in einem tiefen Sessel sitzt, richtig und wichtig sein kann, ist
anderswo spleenig, snobistisch und einfach fehl am Platz. Unser Liebhaber
kann aber auch vor dem gleichen Kamin und im gleichen Sessel sitzend
sich einfach einen Whisky über zwei Eiswürfeln einschenken – einfach,
weil er sich und den Whisky genau kennt und weiß, welch erholsamer und
energiespendender Genuss ihn erwartet. Wenn er von einer Runde Golf
zurückkommt, bei der er bis auf die Haut nass geworden ist, wird er seinen
Blend nur „on the rocks" schlürfen. Wenn er dagegen von einer vierstündi-
gen Wanderung bei 30 Grad im Schatten heimkehrt, wird er ihn vermutlich

ES DAUERT SEHR LANGE, EIN KENNER ZU WERDEN –
ABER ES IST EINE VERDAMMT SCHÖNE ZEIT.
WERBUNG FÜR BORDEAUX-WEINE; TRIFFT AUCH AUF SCOTCH ZU

DISTILLERY MANAGER MIKE NICHOLSON ENTSPANNT SICH
IN DER BIBLIOTHEK VON ROYAL LOCHNAGAR

EIS UND MALT PASSEN ZUSAMMEN WIE DER TEUFEL UND
DAS WEIHWASSER UND AUCH SODAWASSER WÜRDE
IHN RUINIEREN – WER LUST AUF EINEN KÜHLEN, FRISCHEN
DRINK HAT, IST MIT EINEM BLEND BESTENS BEDIENT.

noch mit einem kräftigen Schuss Soda durstlöschend verlängern. Hat er sich dagegen für einen Malt entschieden, wird er weder das eine noch das andere tun – jedenfalls dann, wenn er, wiederum, kein Snob ist oder Geld zum Fenster hinauswerfen will. Eis und Malt passen zusammen wie der Teufel und das Weihwasser und auch Sodawasser würde ihn ruinieren – wer Lust auf einen kühlen, frischen Drink hat, ist mit einem Blend bestens bedient. Den Malt aber, den man am besten bei Raumtemperatur genießt, würde Soda oder kohlensäurehaltiges Wasser im wahrsten Sinn des Wortes sauer werden lassen und die Kälte des Eises würde ihm jedes Aroma rauben, also genau das, was ihn auszeichnet und den Kenner ins Schwärmen geraten lässt.

Es kommt eben alles auf **die Gelegenheit, die Situation** an – und auf den jeweiligen Whiskytyp. Halten wir also zum Ersten fest: Was beim Blend richtig oder zumindest möglich ist, wäre bei einem Single Malt grundfalsch und kontraproduktiv, weil in höchstem Maße genussfeindlich, und überdies Geldverschwendung. Halten wir zum Zweiten fest, dass es einen entscheidenden Unterschied macht, ob man einen, seinen Whisky „nur" genießen will – oder ob man ihn richtiggehend und systematisch verkosten möchte.

Womit wir, schon wieder, bei unserem Werbeslogan wären: Scotch Whisky zu verkosten, kann eine langdauernde, vielleicht sogar lebenslange und niemals endende Angelegenheit sein. Schließlich gibt es zur Zeit etwa 4.000 (in Worten: viertausend) verschiedene Blends. Wie viele Single Malts es gibt, weiß niemand. Aber man kann sich einen Begriff machen, wenn man davon ausgeht, dass es zur Zeit Malts von etwa 125 schottischen Brennereien gibt und von denen ganz unterschiedlich viele verschiedene „expressions", also Varianten nach Alter, Jahrgängen, Fassarten. Sie kennen zu lernen, zu verkosten, mag in der Tat lange dauern, aber es ist definitiv eine verdammt schöne Zeit ...

Zu einer Verkostung gehört das richtige Handwerkszeug: ein Glas, das dafür geeignet ist, und ein Krug mit klarem Quellwasser, das absolut still sein muss. Beim Malt wäre natürlich genau das Wasser, mit dem der Whisky gemacht ist, optimal, aber das ist kaum zu bekommen, im Gegensatz zu schottischem Wasser, das wirklich gute Whiskyläden auch in

Deutschland durchaus anbieten. Wenn auch das nicht zu haben ist, ist ein möglichst weiches, kalk- und mineralstoffarmes stilles Wasser am besten, etwa Evian oder Vittel. Aber man darf es durchaus auch mit dem örtlichen Wasser aus der Leitung versuchen – wenn es weich ist. Die Wasserwerke können Auskunft geben.

DIE GLASFRAGE... Ist das eine Frage? Ist nicht klar, dass beim Scotch nur ein Glas wirklich in Frage kommt? Das Becherglas, der Tumbler? Seit es Whisky gibt bzw. seit er aus Gläsern getrunken wird, wird diese Glasform mit ihm identifiziert. Bilder aus Filmen beweisen es, Hunderte von Anzeigen belegen es – dass es Alternativen gibt, merkt man spätestens dann, wenn man Bilder von Männern in weißen Kitteln sieht, die in ihrem Labor vor Hunderten von Proben oder in einem schottischen Whiskylagerhaus vor einem Fass stehen und ihre Nase tief in ein Glas tauchen, das eher an ein spanisches Sherryglas erinnert. Ihr Job ist die Verkostung von Whisky und sie benutzen dafür ein Glas, das seinen Zweck optimal erfüllt, weil es die Aromen auf das menschliche Sinnesorgan konzentriert, mit dem diese Männer arbeiten: die Nase.

Ein „Nosing-Glas" ist mit Eichstrichen versehen, damit das benötigte Wasser exakt dosiert werden kann, es ist etwas bauchiger als das Sherryglas und oben zur präziseren Duftführung noch etwas enger – und vielleicht sind wir jetzt an einem Punkt angelangt, wo auch dem lernwilligsten und gutmütigsten Whiskyadepten alles etwas zu viel wird. Vielleicht wird er noch unwilliger, wenn er erfährt, dass jene schottischen Profis ihre Verkostungsproben überhaupt nur beschnüffeln und niemals auf die Idee kämen, den Whisky auch in den Mund zu nehmen, geschweige denn, ihn hinunterzuschlucken. Sie würden wohl auch nicht weit kommen, denn sie müssen täglich mehrere hundert Whiskies testen.

Sie arbeiten nur mit der Nase – und dafür ist ihr Glas entwickelt. Ein Tumbler würde den Duft des Whisky nur an der Nase vorbeiführen, also seinen Zweck verfehlen. Dafür ist er besser zum Trinken geeignet – und tatsächlich könnte man einerseits vorschlagen, für eine Verkostung zwei Gläser zu verwenden, eines zum Riechen der Aromen mit der Nase und ein zweites zum Schmecken der Nuancen im Mund. Man kann aber andererseits auch alles übertreiben, weswegen es vielleicht sinnvoller ist, nach

EIN TUMBLER WÜRDE DEN DUFT DES WHISKY NUR AN DER NASE VORBEIFÜHREN, ALSO SEINEN ZWECK VERFEHLEN.

DAS ERSTE GLAS WIRD GEHOBEN, GEGEN DAS LICHT
GEHALTEN UND AUF DIE FARBE GEPRÜFT.

einer Alternative zu suchen, die beides ermöglicht, das Riechen und das Trinken, nicht nur das „Nosing", sondern auch das „Tasting". Das müsste ein Glas sein, das mehrere Voraussetzungen erfüllt: Es müsste ein einigermaßen sinnvolles Volumen aufnehmen können, damit das Getränk Platz hat zum Atmen und Sichentfalten. Es müsste weit und hoch genug sein, damit man den Whisky kreisen lassen kann, weil auch dadurch Aromen freigesetzt werden (und sich darüber hinaus der Whisky und das Wasser besser verbinden). Es müsste oben eng genug sein, damit der Duft dann doch wieder in die Nase strömen und dort mit geöffneten Nüstern aufgenommen werden kann. Es dürfte aber nicht zu eng sein, damit man auch ordentlich und ohne sich das Genick zu brechen aus ihm trinken kann. Es könnte ganz oben auch wieder ein bisschen weiter werden, auslippen, damit der Whisky dabei breiter und nicht zu schmal auf die Zunge kommt. Es sollte einen Stiel (oder zumindest eine solide Basis) haben, damit man es in die Hand nehmen kann, ohne dass deren Wärme den Whisky wärmer macht, was ihn genauso beeinträchtigen würde wie Kälte. Stabil stehen sollte es übrigens auch – und sei es für den Fall, dass der Verkoster nicht mehr stabil stehen kann.

Solche Gläser gibt es und man kann sie kaufen wie etwa das, das für die sechs „Classic Malts" herausgebracht wurde. Sie entsprechen (ist es ein Zufall?) ziemlich genau dem Glas, das die Franzosen als Weinprobierglas entworfen haben, das so genannte INAO-Glas. Ein hervorragendes Tasting-Glas hat die Firma Esch entwickelt; es gehört zu denen, die sich, wie die schottische Nationalblume Distel, oben wieder leicht nach außen wölben, und hat bei einem Test des „Whisky Magazine" am besten abgeschnitten.

Dabei kam freilich die Frage auf, ob dieses Glas auch beim täglichen Umgang mit Whisky etwa in der Bar oder im Pub geeignet sei – oder ob dann nicht doch wieder der allgegenwärtige Tumbler adäquater ist. Wobei wir dann wieder bei unserer Grundfrage „welcher Whisky wie?" angelangt wären und die Glasfrage salomonisch so beantworten könnten: für den Blend den Tumbler und für den Malt das Tasting-Glas, beim Verkosten aber für Blend und Malt das Tasting-Glas.

NUN ABER GENUG DER THEORIE. Wie macht man das nun, eine Verkostung? Holt man sich Rat bei schottischen Experten, den Master-Dis-

tillern etwa oder den Brand-Ambassadors, die solche Tastings durchführen, merkt man schnell, dass sie sich in ihren Methoden kaum unterscheiden und ein ganz bestimmtes Ritual einhalten. Man kann das einfach übernehmen oder in Details auch davon abweichen – wichtig ist aber, dass man das einmal gewählte Vorgehen dann beibehält und bei jeder neuen Verkostung einhält. Nur so kann man die gewonnenen Erfahrungen mit neuen vergleichen, sein Erinnerungsvermögen schulen und nur so kann man wirklich lernen, welcher Whisky zu welcher Gelegenheit am besten passen könnte.

Also, wir haben unseren **Krug mit frischem, weichem Quellwasser** parat, wir haben den Whisky, den wir kennen lernen wollen, vor uns – am besten nicht nur einen, sondern mehrere, anfangs vielleicht nur drei, später durchaus auch einmal sechs (man muss sie bei einem Tasting nicht alle austrinken!). Für jeden Whisky steht ein eigenes Glas bereit und jedes wird mit einer immer gleichen Menge gefüllt, etwa mit 2 cl – weniger sollten es nicht sein, weil sonst das Arbeiten mit dem Wasser schwierig werden könnte, mehr aber auch nicht, weil es die mit jedem Schluck schottischer werdende Seele am Ende nur schwer verkraften könnte, die Köstlichkeit im Glas zu vergeuden.

Wer will, legt sich auch noch Papier und Bleistift zurecht für Notizen. Aber nun kann es wirklich losgehen. Das erste Glas wird gehoben, gegen das Licht und gegen weißes Papier gehalten und auf die Farbe geprüft. In einem zweiten Schritt lässt man die Flüssigkeit im Glas kreisen und wieder zurück laufen, um durch die Bildung der „legs" (in Deutschland auch Kirchenfenster genannt) Aufschlüsse über den sogenannten Körper des Whisky zu bekommen. Schritt drei ist vielleicht der entscheidende, der schönste ist er sicherlich: das konzentrierte Einatmen der Aromen durch die Nase. Danach nimmt man einen Schluck bedächtig in den Mund, lässt ihn kreisen, damit Zunge und Gaumen gleichermaßen den Geschmack zu spüren bekommen, behält ihn länger im Mund, vielleicht bei geschlossenen Augen, ehe man das köstliche Nass langsam hinuntergleiten lässt, dabei sorgsam beobachtend, was bei diesem Nachklang (das deutsche Wort Abgang ist der Entwicklung positiver Empfindungen eher hinderlich), dem „Finish" passiert.

WICHTIG IST, DASS MAN DAS EINMAL GEWÄHLTE RITUAL BEIBEHÄLT.

„NEVER WHISKY WITHOUT WATER –
NEVER WATER WITHOUT WHISKY"

Fünf Schritte auf dem Weg zum Himmel. Den siebten freilich erreicht nur, wer nun wirklich auf den Rat unserer schottischen Experten hört und es damit nicht getan sein lässt. Und nun, liebe Gemeinde, kommen wir zu einem Problem, an dem sich die Geister scheiden, sich zur Bedächtigkeit neigende Temperamente zu den schlimmsten Beleidigungen hinreißen ließen, Freundschaften zerbrachen. Denn dieser Rat heißt: Man kann einen Whisky nicht richtig verkosten, beurteilen, wenn man ihn nicht mit Wasser verdünnt und dann alle fünf Schritte, oder zumindest die letzten drei, noch einmal unternimmt. Weil erst durch diese Reduzierung der Alkohol gebremst wird und die feineren Nuancen zutage treten.

Die Experten aus Schottland schwören darauf: Man muss den Whisky auf diese Weise „öffnen" – kompaktere Naturen sprechen auch von „Aufbrechen", zartere Seelen bemühen die Assoziation von Tau auf einer Rose, der ihren Duft entfalte. Die Gegenpartei – und das müssen nicht die Anhänger der Feuerwasserpartei sein – fürchten um die Männlichkeit des Getränks und bemühen ein – schottisches, doch – Sprichwort, das behauptet, dass der Schotte zwei Dinge nackt liebe. Was gekontert wird mit einer anderen – schottischen, ja – Lebensweisheit, die da lautet: „Never whisky without water", aber erst durch ihren zweiten Teil ihre wahre Größe enthüllt: „Never water without whisky".

Die Wahrheit liegt, wie oft im Leben, in der Mitte – und vielleicht ist sie geeignet, eine Versöhnung herbeizuführen und Freundschaften wieder zu heilen, zumal sie wieder Bezug nimmt auf unsere Grundfrage nach der richtigen Gelegenheit, weil es einfach darauf ankommt, was man vorhat mit seinem Whisky. Eine Verkostung funktioniert wirklich nicht ohne Wasser, aber ob man sonst Whisky mit Wasser verdünnt, das hängt ganz vom persönlichen Geschmack ab und, wiederum, von der Situation: Der gleiche Whisky, nach einem Spaziergang und vor dem Essen an einem Sonntag im Sommer getrunken, kann eine ganz andere Behandlung verlangen, wenn er im Herbst oder Winter nach einem üppigen Abendessen genossen wird.

Zitieren wir abschließend zur Wasserfrage noch den schottischen Nationalbarden Robert Burns und seine friedenstiftende Feststellung „whisky and freedom gang tegither", also dass Whisky und Freiheit sich nicht trennen lassen, um noch einmal zum Ritual der Verkostung zurückzukehren, zur Beantwortung der Frage, wozu denn die einzelnen Schritte gut sein sollen, und zur Erörterung des Problems, ob es über die Aussage hinaus, dass Whisky der Nase wunderbare Düfte und dem Gaumen die un-glaub-lichsten Aromen vermitteln kann, auch noch Möglichkeiten gibt, sie fest-zustellen, und eine Sprache, sie zu benennen und zu beschreiben.

Man kann sich natürlich ganz naiv einfach daran erfreuen, dass Whiskies so farbenprächtig aufmarschieren können. Die Freude daran wird vielleicht ein wenig getrübt, wenn man feststellen muss, dass alle Blends und auch die weitaus meisten Malts farblich etwas dunkler gemacht wer-den. Was beim Blend natürlich ist, weil zu seinem Wesen nun einmal die Konsistenz gehört und somit auch das immer gleiche Erscheinungsbild, ist beim Malt insofern bedauerlich, weil man aus seiner Farbe eigentlich Rück-schlüsse ziehen können sollte, in welchem Fass er gereift ist. Das ist wiede-rum wichtig, weil man daraus schon einen ersten Anhalt bekommen kann, für welche Gelegenheit sich ein Malt eignet. Das geht natürlich nur, wenn er naturbelassen ist. Andrerseits muss man festhalten, dass die Zugaben an Farbstoff weder Geschmack noch Geruch beeinträchtigen und in der Regel auch nicht so stark sind, dass Malt extrem dunkler wird. Und noch eines: die Farbe eines Whisky lässt auf keinen Fall Rückschlüsse auf sein Alter zu.

Warum will man erfahren, wie der Körper eines Whisky sich dar-stellt? Was hat man davon, wenn man beobachten kann, dass sich bei dem einen sehr schnell lange „Beine" bilden und dass sie eng nebeneinander verlaufen, während sie bei einem zweiten nur kurz bleiben und die Kir-chenfenster eher romanisch als gotisch aussehen? Man bekommt Auf-schlüsse über das so genannte Mundgefühl, darüber, ob der Whisky im Mund eher als pfeffrig und sprittig mit dominierenden Alkoholtönen wahr-genommen wird, also einen leichten Körper hat, oder einen vollen und schweren und eher cremig, ölig daherkommt. Ohne auch nur einen Schluck getrunken zu haben, erhält man einen Hinweis auf den Charakter eines Whisky und darauf, wann man ihn genießen kann.

Schwieriger ist es festzustellen, was man in der Nase und im Mund empfindet – schwieriger vor allem deshalb, weil man zwar Empfindungen hat, sie aber meist nur schwer mit einem Wort bezeichnen kann – ganz

WARUM WILL MAN ERFAHREN, WIE DER KÖRPER EINES
WHISKY SICH DARSTELLT?

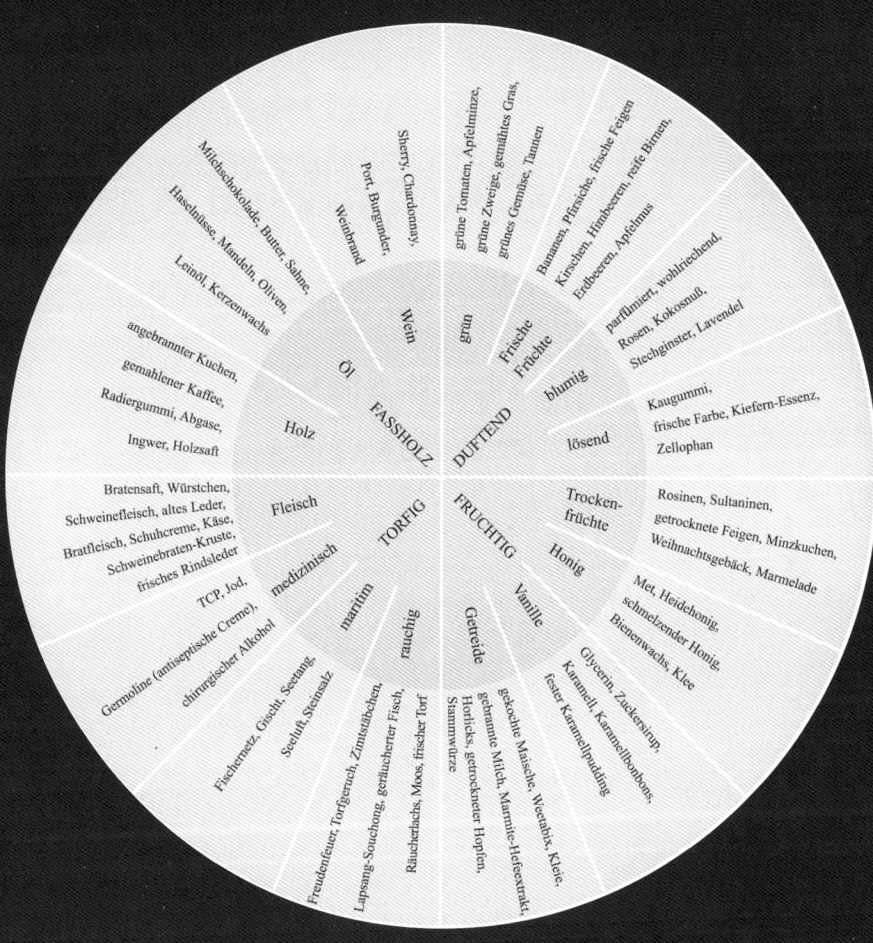

MITTLERWEILE GIBT ES BRAUCHBARE „RÄDER" AUCH FÜR GESUNDE UND REIFE WHISKIES ...

DIE SCHLICHTE EMPFEHLUNG LAUTET, SICH NICHT INS BOCKSHORN JAGEN ZU LASSEN UND MUT ZUM AUFSPÜREN DER EIGENEN AROMEN-ERINNERUNGEN ZU ENTWICKELN.

abgesehen davon, dass die Assoziationen, die ein Duft, ein Aroma bei der oder dem einen hervorrufen, überhaupt nicht mit Erinnerungen übereinstimmen müssen, die bei anderen wachgerufen werden – auch das ist eine Gemeinsamkeit von Wein und Whisky. Natürlich haben die Fachleute ein Vokabular und es hat auch Versuche gegeben, es in eine nachvollziehbare Form zu bringen. Die verschiedenen „tasting wheels", ursprünglich einmal von Bierbrauern entwickelt, sind solche Versuche.

Die ersten, die bei Whisky eingeführt wurden, dienten, und das muss man festhalten, nur dazu, Fehltöne aufzuspüren und solche Brände nicht zur Lagerung freizugeben. Mittlerweile gibt es brauchbare „Räder" auch für gesunde und reife Whiskies. Schaut man sie sich aber an, könnte es passieren, dass sie nicht er-, sondern entmutigen – jedenfalls dann, wenn man sich von den noch nachvollziehbaren Begriffen in ihrem Kern in die zweite und dritte Schicht „vorarbeitet" – und sich manchmal wundert, woher einer wirklich weiß, wie eine alte Bibliothek oder nasse Zelte schmecken. Aber es geht auch realistischer – und einfacher.

Die schlichte Empfehlung lautet, sich nicht ins Bockshorn jagen zu lassen und Mut zum Aufspüren der eigenen Aromen-Erinnerungen zu entwickeln. Also die differenzierte Terminologie der Experten erst einmal zu vergessen und mit Dingen zu beginnen, die jedem vertraut sind und die jeder benennen kann.

Ein relativ einfaches – und einfach nachvollziehbares Verfahren beim Tasting besteht darin, ganz systematisch abzufragen, ob ein Whisky fruchtige Aromen aufweist oder blumige. Ob man eher Gewürze oder Kräuter identifizieren kann. Ob er an Hölzer erinnert oder an Getreide, aus dem er ja schließlich gemacht ist. Nimmt man dann noch die Frage nach Torfrauch und Teer dazu und nach maritimen Düften, wird man schon sehr weit kommen im Entschlüsseln des Geheimnisses, das da Whisky heißt. In einem zweiten Gang kann man dann ja fragen, ob man die Früchte etwas genauer definieren kann oder die Blumen. Nimmt man ihn schließlich in den Mund, kann man ihn danach beschreiben, ob er eher stechend und pfeffrig schmeckt, eher süß und weich, eher samtig oder kräftig – und ob das, was man mit der Nase empfunden hat, auch am Gaumen spürbar wird oder ob dort die Geschmacksnuancen ganz anders und neu sind. Beim

Finish wird man zunächst darauf achten, ob es kurz bleibt oder ob der Whisky noch lange und warm zu spüren ist.

Je öfter man sich dieser Übung hingibt und je gewissenhafter man sich bemüht, das, was man einmal gespürt und genossen hat, auch in der Erinnerung zu behalten, desto größeren Spaß wird man bekommen – und irgendwann einmal verblüfft feststellen, wie weit man schon gekommen ist auf dem Weg vom Novizen zum Eingeweihten – und bei wie vielen Flaschen man schon beim bloßen Ansehen weiß, was sie erwarten und zu welchen Gelegenheiten sie sich am besten öffnen lassen. Irgendwann kommt dann einmal die schönste und beglückendste Entdeckung: Dass unser Whisky, sei es der Scotch Blend oder der Scotch Single Malt, tatsächlich ein Getränk ist, das für jede Lebenssituation das passende Angebot bereithält, dass es Blends gibt, die sich besser in unseren Breiten, und andere, die sich besser in den Tropen genießen lassen, und Malts, die sich bestens als leichter Aperitif vor dem sonntäglichen Familienlunch schlürfen lassen und andere, mit denen man nach stürmischen Situationen (emotionalen oder wettermäßigen) die seelische Balance wieder findet, dass es wirklich Frühlingsmalts gibt und solche für den Herbst oder Winter, den Sommer nicht zu vergessen, Whiskies für die sonnigen Tage des Lebens und solche für ansonsten trostlos bleibende Novembernächte.

Irgendwann wird dann die Entdeckung folgen, dass selbst ein Genuss wie der von Whisky sich noch steigern, optimieren lässt – wenn man ihn kombiniert mit anderen Genussmitteln. Es müssen nicht unbedingt Speisen sein, obwohl sich natürlich schottischer Wildlachs kaum mit Besserem marinieren lässt oder ein Wildbraten durch eine Whiskysauce ebenso gewinnen kann wie ein Dessert durch ein paar Tropfen Whiskyverfeinerung. Selbst das schottische Nationalgericht Haggis (wie deutsche Wurst übrigens auch) kann wirklich eine Köstlichkeit sein, wenn es der richtige Metzger gemacht hat – und wenn ein kräftiger Schuss Whisky das Aroma verbessert.

Whisky eignet sich besonders gut zum Espresso – kein Wunder, weisen doch viele Malts eine von der langen Lagerung im Eichenholzfass rührende und am Zungenende spürbare zarte Bitterkeit auf, die mit den Röstaromen wunderbar harmoniert, genauso übrigens wie mit dunkler

Schokolade, die sich hervorragend mit den Toastaromen mancher Malts kombinieren lässt. Eine besonders gut funktionierende Paarung stellt die von Zigarren und Whisky dar. Dabei muss nicht unbedingt eine schwere Havanna mit einem ebenso schweren Islay zusammengebracht werden (obschon nichts dagegen spricht). Sie entfaltet ihre mächtige Erdigkeit aber auch gut zu einem eher süßen, üppigen, samtigen Speyside, der durchaus auch einmal aus einem Portweinfass stammen kann. Natürlich würde eine eher leichte und elegante dominikanische Zigarre von jenem Islay nahezu erschlagen, während ein eleganter Blend sie voll zur Geltung bringt.

EIN GLAS IST FABELHAFT, ZWEI SIND ZU VIEL UND DREI ZU WENIG. SCHOTTISCHES SPRICHWORT

Zigarre und Whisky: Beide werden schon dadurch ideale Partner, dass sie so viele Gemeinsamkeiten aufweisen: Beide sind – Zufall? – fast im gleichen Jahr entdeckt worden, die Zigarre 1492, der Malt 1494. Beide gibt es in fast unübersichtlicher Vielzahl, was das Finden von geglückten Kombinationen zu einem faszinierenden und niemals endenden Vergnügen macht und ihren Genuss zu einem göttlichen Geschenk. Beide verzeihen es nicht, wenn man ihnen nicht die gebührende Zeit widmet. Bei beiden kommt es auf die Auswahl der passenden Sorte (bei der Zigarre auch des passenden Formates) und der passenden Gelegenheit an. Beide sind das Produkt einer Region, eines ganz bestimmten Gebietes, das sich nicht beliebig auch anderswo erzeugen lässt. Und beide sind von ihrer Herkunft ebenso abhängig und geprägt wie von der Handwerkskunst der Menschen, die sie herstellen – Scotch Whisky eher noch stärker.

MÄLZER,
BRAUER, MASTER BLENDER

**DER EINE NENNT ES WISSENSCHAFT,
DER ANDERE SPRICHT VON MAGIE.**

SAMPLE SAFE

DER CHARAKTER DES MALT WIRD NICHT BESTIMMT
VON DER REINHEIT DES BRANDES, SONDERN VON DEN
UNREINHEITEN, DIE IN IHM GELASSEN WERDEN.
EIN MASTER DISTILLER

EINEN SEHR GUTEN SINGLE MALT ZU DESTILLIEREN,
IST EINE WISSENSCHAFT. EINEN SEHR GUTEN BLEND ZU
MACHEN, HÖCHSTE KUNST.
SAMUEL BRONFMAN

Der eine nennt es **WISSENSCHAFT,** der andere spricht von **MAGIE.** Und obwohl jeder, der in Schottland mit Whisky zu tun hat, dem Kanadier Bronfman Recht geben wird, wenn es um Blends geht, beim Malt Whisky würde er ihm, leidenschaftlich und entschieden, widersprechen. Und Bronfman würde ihm am Ende zustimmen, weil er seine Firma Seagram aus den bescheidenen Anfängen im Heimatland nicht zuletzt deshalb zu einer der größten Whiskyfirmen der Welt machen konnte, weil er sich in Schottland engagierte und dort einen Klassiker wie den Blend Chivas Regal sein Eigen nannte und auch die Malt-Destillerien Glenlivet und Glen Grant.

Deren Mitarbeiter haben ihm gewiss deutlich gemacht, dass Malt zu machen mehr ist als „nur" ein Handwerk und dass man zwar bei seiner Herstellung vieles mit Methoden der Wissenschaft erklären kann, aber eben nicht alles; dass zwar auch in Brennereien der Computer längst Einzug gehalten hat und viele Prozesse überwacht, der Mensch aber immer noch unentbehrlich ist; dass etwa die für die Qualität eines Malt entscheidende Trennung zwischen brauchbarem und unbrauchbarem Destillat von einem Mitarbeiter gemacht wird und nicht von einem Automaten; dass kein Instrument und keine Methode chemischer Analyse den Inhalt eines Fasses besser beurteilen kann als ein hochsensibler Master Blender mit seiner Nase; dass bei allen wissenschaftlichen Erkenntnissen, die man vor allem in jüngster Zeit gemacht hat, vieles immer noch ein Geheimnis bleibt – eben Magie.

Sicher, man weiß, wie heiß das Wasser sein muss, das in die mash tun, den Maischebottich, kommt, und natürlich kann man berechnen, wann die Fermentation zu Ende ist. Man kann die chemischen Vorgänge, die sich bei der Verwandlung von Stärke in Zucker und von Zucker in Alkohol abspielen, mit Formeln und Begriffen erklären. Am Ende aber wird der wissenschaftlich ausgebildete Produktionsdirektor auch keinen besseren Whisky machen ohne Hilfe des einfachen Arbeiters, der sein Wissen vom Vater gelernt hat und zwar nicht weiß, was sich da im Gärbottich, der wash back, abspielt, aber eben genau, was er wann zu tun hat, damit „sein" Whisky so bleibt wie er immer war.

Man kann sich natürlich dem Zauberstoff auch noch ganz anders nähern – wie unser Whiskymacher, der sich als Komponist versteht, als

Künstler also. Andere verfallen, durchaus nachvollziehbar und berechtigt, in fast schon mystische, theologische Kategorien und sprechen davon, dass Scotch Whisky das einzige Getränk sei, das in sich alle vier Elemente vereinigt, Erde, Feuer, Wasser und Luft. Tatsächlich ist es die Erde, die das Getreide hervorbringt, und den Torf, den man oft braucht, um es zu dörren, zu mälzen. Tatsächlich benötigt man Wasser, um das Getreide einzuweichen, die Maische anzusetzen, den Alkoholdampf wieder zu verflüssigen, das frische Destillat mit einem kleinen Schuss zu versetzen, wenn es ins Fass kommt – und vielleicht (siehe das vorherige Kapitel) den gereiften Whisky zu genießen. **Tatsächlich braucht man Feuer:** Beim Aufheizen des Wassers, beim Dörren des Getreides, der Gerste, damit aus ihr das köstlich schmeckende Malz wird, das dem Malt seinen Namen gegeben hat; Feuer auch beim Heizen der Brennblasen, Feuer beim Auskohlen der Eichenfässer. Und tatsächlich braucht man Luft – nicht zuletzt, damit sie – salzgeschwängert auf den schottischen Inseln, rein, klar und sauber in den schottischen Highlands – jenen Fässern den letzten Schliff gibt, damit sie ihren unverwechselbaren Charakter bekommen, der den Kenner ins Schwärmen verfallen lässt. Dabei wird er nicht vergessen, wem er außer Mutter Natur und ihren Elementen seinen Genuss, sein Glück im Glas zu verdanken hat: den vielen Menschen, die alles geben, wirklich alles, für dieses Glück. Sie sind Handwerker, Wissenschaftler, Künstler und sie verdienen unsere Dankbarkeit – und unseren tiefsten Respekt!

Unserer jedenfalls ist ihnen gewiss – und deshalb sollen beim nun folgenden Versuch in der Reihenfolge ihrer historischen Entstehung zu beschreiben, wie die drei schottischen Whiskygattungen, der Scotch Malt, der Scotch Grain und der Scotch Blend, hergestellt werden, die Menschen im Mittelpunkt stehen und nicht nur die von ihnen angewandte Technik. Ausgangspunkt ist dabei, dass irgend wann einmal irgend ein Mensch entdeckt hat, dass man aus Getreide nicht nur nahrhaftes Brot backen, sondern dass man es auch anders verarbeiten, sozusagen verflüssigen kann. Die erste Stufe der Umsetzung dieser revolutionären Entdeckung war das Bier, das unsere Vorfahren schon vor sehr langer Zeit als flüssiges Nahrungsmittel schätzen lernten.

TATSÄCHLICH BENÖTIGT MAN WASSER, UM DAS
GETREIDE EINZUWEICHEN, DIE MAISCHE ANZUSETZEN,
DEN ALKOHOLDAMPF WIEDER ZU VERFLÜSSIGEN ...

ES LIEGT MAGIE DARIN. WIR ARBEITEN MIT DER NATUR,
MIT LEBENDEN ELEMENTEN. WIR SIND KOMPONISTEN.
WAS KÖNNTE MEHR BEFREIUNG VERSCHAFFEN
ODER KREATIVER SEIN?

EIN WHISKYMACHER

Um aus dem Bier ein noch stärkeres alkoholisches Getränk zu machen, mussten andere Menschen in einer anderen Zeit und möglicherweise anderswo (das ist nicht sicher) lernen, aus einer Flüssigkeit durch Verdampfen und anschließendes Verflüssigen die Essenz herauszuholen, sie zu destillieren. Irgend ein Mensch, und unsere ewige Dankbarkeit sei ihm gewiss, hat dieses Wissen auf das Bier übertragen und so den ersten Whisky gewonnen. Den nannte er natürlich nicht „Whisky", sondern entweder Lateinisch, in der damaligen Sprache der Wissenschaft, **„aqua vitae"** oder in seinem heimatlichen Idiom Gälisch, wenn er Schotte war, **„uisge beatha"** oder „uisce beatha", wenn er ein Ire war, Wasser des Lebens. Sicher konnte irgendwann wiederum ein anderer Mensch, diesmal ein Wissenschaftler, erklären, wie aus einem Getreidekorn eine klare und starke Flüssigkeit werden konnte: durch die Umwandlung der im Korn enthaltenen Stärke in Zucker, der sich durch den Zusatz von Hefe und starke Erhitzung wiederum in jene Flüssigkeit umwandeln ließ, der man, ganz zu Recht, erst einmal lebenserhaltende, lebens- und wahrscheinlich sehr bald auch freudenspendende Fähigkeiten zuschrieb.

In einer modernen schottischen Malt-Destillerie ist der erste Mensch, der etwas zu tun bekommt, der Mälzer, der „malt man", und sein Job ist es, die angelieferte Gerste zu Gerstenmalz zu machen. Früher kam die Gerste sicher entweder von der eigenen Farm und später immerhin noch aus Schottland. Heutzutage reicht die heimische Produktion nicht mehr aus, die Gerste kommt aus ganz Europa und man benutzt immer wieder andere Sorten, die zum Teil neu gezüchtet sind. Kriterium für die Gerste ist der Ertrag, den sie liefert, die Quantität. Beim Wasser dagegen ist die Qualität entscheidend, weil es einen prägenden Einfluss auf den Charakter des Whisky hat, wenn auch bei weitem nicht so groß, wie man früher geglaubt hat in der Meinung, es sei nahezu ausschließlich das Wasser, das schottischen Whisky so unnachahmlich machen würde. Das Wasser übrigens ist tatsächlich meist weich, aber es gibt durchaus auch Brennereien mit hartem Wasser. Wie es auch ist, jede Brennerei wird ihre Wasserquelle wie einen Augapfel hüten. Ein anderes Wasser würde unvermeidlich einen anderen Whisky ergeben.

Traditionell arbeitet unser malt man in jenem Gebäude mit den Pagodendächern, die das Bild der schottischen Landschaft genauso formen wie die Berge und die Täler, die Seen und die Flüsse. Auf Schottisch heißen sie kiln, Dörrofen. Sie sind noch bei fast allen Brennereien zu sehen, aber nur noch wenige werden wirklich benutzt wie in Bowmore, Laphroaig und Kilchoman auf Islay, in Highland Park auf Orkney, in Balvenie, in den Highlands und in Springbank in Campbeltown. Traditionelles Mälzen ist ein aufwendiger Vorgang, bei dem sieben Tage lang rund um die Uhr die *malt men* die eingeweichte Gerste von Hand mit der Schaufel oder mit einer Art elektrischem Pflug immer wieder umwenden müssen, um die Temperatur zu kontrollieren und zu verhindern, dass sich die Keime verfilzen.

Weil der Vorgang so aufwendig ist, hat man schon früh Versuche der Automation unternommen. Heute kommt das fertige Malz nicht mehr von den alten floor maltings, sondern aus riesigen drum maltings, bei denen mächtige runde Trommeln den Malzboden ersetzen. Auch dort werden malt men gebraucht, wenn auch weniger, und auch in den neuen Anlagen dauert das Keimen etwa sieben Tage. In dieser Zeit bilden sich Stärke und Enzyme, um sie zu verzuckern. Wenn das Gerstenkorn eine bestimmte Konsistenz erreicht hat, die ein erfahrener malt man durch Zerreiben feststellen kann, befördert er das nun „grünes Malz" genannte Korn weiter zur kiln, wo es getrocknet wird und „richtiges" Malz entsteht. Genau hier kann der Mälzer dafür sorgen, dass später der fertige Whisky einen mehr oder weniger rauchigen und torfigen Charakter hat – oder überhaupt keinen Rauch aufweist.

Irischer Whisky kommt, in der Regel, völlig ohne die Verwendung von Torf als Brennstoff aus. In Schottland, wo in weiten Teilen früher überhaupt nur Torf zum Feuermachen vorhanden war, hat jede Brennerei eine sehr genaue Vorstellung davon, wie viel Torf wie lange dem Feuer beigegeben wird – selbst wenn heute vorwiegend mit Kohle oder Öl gearbeitet wird. Die verwendete Menge Torf ist einer jener gar nicht so vielen Faktoren, die dem Malt seinen Charakter geben. Deshalb besteht jede Brennerei auf der Einhaltung ihres genauen „Rezepts", auch wenn sie das Malz von industriellen Mälzereien bezieht, wie z.B. auf Islay, wo außer Bruichladdich alle Destillerien (auch Bowmore und Laphroaig, die nur einen Teil der benö-

DIE VERWENDETE MENGE TORF IST EINER JENER
GAR NICHT SO VIELEN FAKTOREN, DIE DEM MALT SEINEN
CHARAKTER GEBEN.

NACH DEM MALT MAN IST DER BRAUER, DER BREWER, DRAN.

tigten Menge selbst produzieren) von den Diageo-Maltings in Port Ellen versorgt werden – und das Team dort achtet penibel darauf, dass jedes Rezept beachtet wird und die genaue Menge Torf in den Ofen kommt.

Nach dem malt man ist der Brauer, der brewer, dran. Seine Aufgabe ist es, das feste, wenn auch jetzt nicht mehr harte, sondern knusprig-süße Korn flüssig zu machen, und er benötigt dazu drei Arbeitsgänge. Zuerst mahlt er es in einer Mühle, die oft schon Jahrzehnte alt ist, wobei er darauf achtet, dass das so entstehende Getreideschrot, grist genannt, nicht zu grob und nicht zu fein ist. Er füllt es in den Maischebottich, die mash tun, die zunehmend mehr aus Edelstahl ist und ein Läuterwerk besitzt. Dort übergießt er es mit heißem Wasser; die Enzyme verwandeln die Stärke nun in Zucker. Dreimal lässt er Wasser einlaufen, immer heißeres. Die beiden ersten Wasser, eine zuckerhaltige Flüssigkeit, die Würze, wort/s, fängt er auf, dabei die noch vorhandenen Feststoffe abseiend, die dann zu Viehfutter verarbeitet werden. Das dritte Wasser hat nicht mehr genug Zucker, es wird aufgehoben und beim nächsten Maischen als erstes Wasser verwendet.

Dann kühlt er die wort und pumpt sie anschließend in die wash backs – heute auch immer öfter aus Edelstahl, obwohl viele Brauer und ihre Manager immer noch darauf schwören, dass die alten Holztonnen zwar schwerer zu reinigen sind, aber einen besseren Whisky ergeben. Nun füllt er Hefe ein – und setzt damit ungeahnte Naturgewalten frei, weil die Hefe den Zucker frisst und dabei Alkohol und Kohlendioxid zurücklässt. Das tobt und schäumt und bäumt sich auf und würde über den Rand schäumen, würde der Brauer nicht durch Rührwerke dafür sorgen, dass die entstehende wash, eine Art Bier, im Zaum gehalten wird. Nach zwei bis drei Tagen ist Ruhe. Unser Bier ist stark, zwischen 7 % und 9 %, und leider nicht so wohlschmeckend – obwohl es so mancher Mitarbeiter gerne dazu benutzt, seinen hang over zu kurieren.

Jeder Mitarbeiter ist stolz auf seinen Job und jeder glaubt, dass seine Arbeit die entscheidende ist. Den meisten Grund dazu hat vielleicht der still man, also der, der die Brennblasen beschickt, das Destillieren überwacht – und für den cut, die Abtrennung von genießbarem und ungenießbarem Destillat verantwortlich ist – insgesamt zeitweise eine langweilige Angelegenheit, es sei denn, er arbeitet in einer der wenigen Brennereien, deren Brennblasen noch mit offenem Kohlenfeuer beheizt werden wie in Glenfiddich. Andrerseits darf auch der still man, dessen Kessel mit Dampf betrieben werden, die Konzentration nicht verlieren. Arbeitet er unsauber, ist der Whisky nicht gut – was sich oft erst nach zehn, zwölf Jahren der Lagerung herausstellt.

Der still man arbeitet in dem Gebäude, in dem die stills stehen. Es sind pot stills – und dass der Malt Whisky aus ihnen kommt, markiert neben dem Ausgangsgetreide den entscheidenden Unterschied zum Grain Whisky. Die stills sind aus Kupfer. Erst allmählich findet man heraus, warum Kupfer für Whisky wichtig ist. Die ersten Destiller haben es nur deshalb verwendet, weil sie nichts anderes hatten. Sie haben auch ganz sicher nicht besonders auf die Form der Brennblasen geachtet. Aber heute weiß man, dass Form und Größe einen erheblichen Einfluss auf den Charakter des Whisky haben und nach Wasser und Torf den dritten Faktor bilden, der einen Whisky unverwechselbar macht. Deshalb wird eine Brennerei, die eine der stills nach langen Jahren ersetzen muss oder ihre Produktion ausweiten will, penibel darauf achten, dass die neue Brennblase eine exakte Kopie der alten ist. Je kleiner und gedrungener sie übrigens ist, desto öliger, fülliger ist der Whisky – weil bestimmte Unreinheiten nicht zurückgehalten werden. Wie sagte der eingangs zitierte Master Distiller?

In Schottland arbeitet ein still man meist mit zwei, selten mit drei stills. In der ersten wird die wash verdampft und der Dampf in einem Kondensator dann wieder in Flüssigkeit verwandelt. Sie hat nun einen Alkoholgehalt von etwas mehr als 20 % und wird low wines genannt. Diese kommen anschließend in die zweite Brennblase, die manchmal low wine still oder spirit still genannt wird. Wieder wird verdampft und wieder verwandelt ein Kondensator den Dampf in Flüssigkeit. Anfangs läuft sie mit etwa 80 %, am Ende mit etwa 60 %. Nicht alles ist „guter" Geist, spirit. Anfang, die fore shots, und Ende, tail oder feints, enthalten giftige Stoffe, die auf keinen Fall verwendet werden dürfen.

Das ist die wichtigste Aufgabe des still man – und keine leichte. Denn immer noch stehen dem still man nur wenige Hilfsmittel zur Verfügung, ein Thermometer und ein Hydrometer, um zu entscheiden, wann er den cut ansetzen und vom Vor- und Nachlauf den middle cut oder heart of

ERST ALLMÄHLICH FINDET MAN HERAUS, WARUM KUPFER FÜR WHISKY WICHTIG IST.

...DAS FRISCHE DESTILLAT,
DER NEW SPIRIT,
DER CLEARIC...

the run abtrennen muss. Denn nur der darf ins Fass. Freilich ist auch der Rest kein Abfall. Er wird „recycelt", mit den low wines des nächsten Durchgangs vereinigt und einfach noch einmal destilliert.

Früher war übrigens auch der Zöllner, der excise man, ein Mitarbeiter, der in jeder Brennerei zu finden war, wenn auch in der Regel, bei durchaus persönlicher Wertschätzung, kein beliebter. Er hatte den Schlüssel zum spirit safe, einer Art Schrein aus Messing mit starken Glasscheiben, hinter denen gläserne Töpfe zu sehen sind. Er war der Sendbote der Regierung, der von der Lieferung des ersten Gerstenkornes an bei jeder Stufe der Produktion kontrollierte, ob irgendeiner etwas zum eigenen Vergnügen schaffte, ohne dafür vorher Steuer zu bezahlen. Ihn hinters Licht zu führen, war immer ein beliebtes Spiel der anderen im Team – wobei man wissen muss, dass viele Mitarbeiter in schottischen Brennereien „teatotaler" (totale Teetrinker) sind und keinen Alkohol anrühren, der Rest aber gerne trinkt – und zwar auch das frische Destillat, den new spirit, den clearic, gerade dann, wenn er heiß und scharf jugendfrisch aus der Brennblase geflossen ist.

Das zu verhindern ist heute die Aufgabe des Distillery Managers, der für den ganzen Papierkram verantwortlich ist und jederzeit mit Kontrollen der Steuerbehörden zu rechnen hat. Er steht dabei, wenn nun der warehouse man in Erscheinung tritt, der die Eichenfässer heranrollt und sie befüllt, nicht ohne zuvor den etwa 68 % starken new spirit durch ein klein wenig Wasser auf 63 % herabgesetzt zu haben. Er und seine Kollegen rollen die Fässer dann in die Lagerhäuser, die warehouses, in der Regel flache Gebäude mit dem traditionellen Erdboden, in denen die Fässer höchstens in Dreierreihen übereinander ruhen – für viele Jahre, in denen ihre Reifung nur durch den Besuch derer gestört wird, die überwachen, wie der Whisky sich entwickelt, oder aufpassen, dass in der feuchten Luft keine Fassreifen platzen und der kostbare Inhalt versickert. Auch wir wollen die Fässer ruhen lassen, einstweilen, und einen Blick darauf werfen, wie der jüngere Bruder des Malt, der Grain Whisky, gemacht wird.

Die wesentlichen Unterschiede zwischen beiden sind schnell beschrieben – am augenfälligsten ist, dass Grain Distilleries mehrfach größer sind als selbst die größte Malt-Brennerei. Sie haben riesenhafte Dimensionen, was vielleicht erklärt, dass sie weit mehr Whisky herstellen als die

anderen, es von ihnen aber trotzdem nur einige wenige gibt, die bis auf eine, Invergordon, alle in den Lowlands liegen. In ihnen arbeiten jeweils viel mehr Menschen als in einer Malt-Destillerie – und sie machen nicht nur Whisky, sondern auch Neutralsprit, Vodka und Gin. **Beschränken wir uns auf den Whisky.** In einer Grain-Anlage gibt es keinen malt man. Verarbeitet wird nicht nur Gerste, sondern jedes Getreide; der Marktpreis entscheidet, welches gerade genommen wird: das jeweils billigste und das ist zurzeit oft Weizen. Es entfällt auch der langwierige Prozess des Mälzens. Die Stärke wird durch Kochen freigesetzt – ein bisschen Gerstenmalz wird dennoch gebraucht, weil sonst die Verzuckerung schwer oder gar nicht in Gang gesetzt werden könnte. Der Hauptunterschied aber ist die Destillation, die in einer neuen Form stattfindet, die durch Robert Stein und den ehemaligen Chef der irischen Steuerbehörde, Aeneas Coffey, um 1830 entwickelt wurde. Sie entdeckten, dass man nicht nur in pot stills brennen kann, was aufwendig ist, weil es immer nur in Partien passieren kann, sondern kontinuierlich in zwei Kolonnen.

In ihnen trifft der von unten eingeleitete heiße Dampf auf die oben eingeführte kalte wash, die beim allmählichen Herabtropfen über Kupferplatten vom Alkohol „entstrippt" wird. Der ist am Ende mit etwa 90% beträchtlich stärker als beim Malt – und er enthält auch nicht jene „Unreinheiten", von denen unser Master Distiller ja behauptet hat, dass sie seinem Whisky den Charakter geben. Was im Umkehrschluss ja wohl bedeutet, dass der Grain zwar reiner ist, aber eben auch ein bisschen charakterlos und ganz gewiss ohne jenen Reichtum an Aromen, die den Malt so einzigartig machen. Die Frage allerdings ist, ob der Grain diese Aromen überhaupt braucht, ist er doch in den seltensten Fällen dazu bestimmt, als Single Grain auch getrunken zu werden. Nein, der Grain ist zu anderem ausersehen – und dazu bringt er die idealen Voraussetzungen mit –, die Grundlage für die dritte schottische Whiskygattung zu bilden, den Scotch Blend.

Zunächst freilich wird er genau behandelt wie der Malt, d.h. ein warehouse man füllt ihn in ein Eichenfass und darin muss er, so verlangt es der Gesetzgeber, genauso lang lagern, ehe er verwendet, ja ehe er überhaupt mit dem Ehrennamen „Whisky" geschmückt werden darf: drei Jahre. Wie für den Malt nehmen die sparsamen Schotten auch für ihn praktisch

NEIN, DER GRAIN IST ZU ANDEREM AUSERSEHEN – UND DAZU BRINGT ER DIE IDEALEN VORAUSSETZUNGEN MIT: DIE GRUNDLAGE FÜR DIE DRITTE SCHOTTISCHE WHISKY-GATTUNG ZU BILDEN, DEN SCOTCH BLEND.

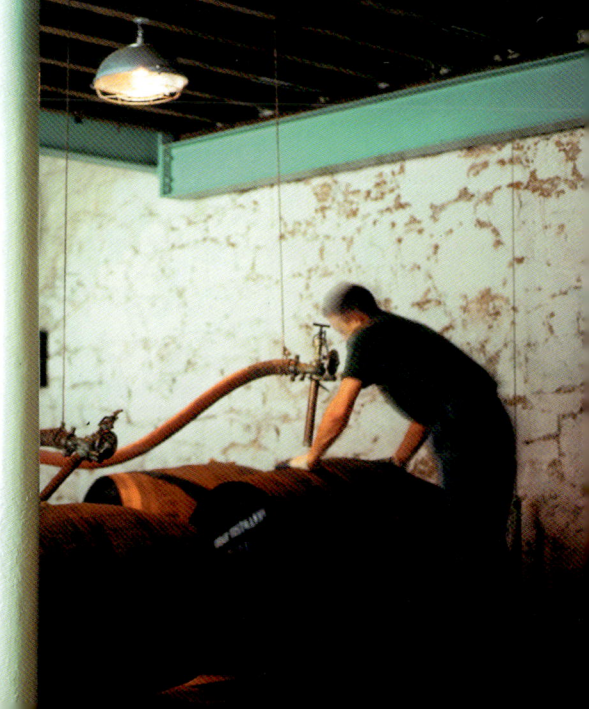

MAN IST HEUTE DER ANSICHT, DASS DIE LAGERUNG IM
FASS EINSCHLIESSLICH DES IHN UMGEBENDEN
MIKROKLIMAS ZU VIERZIG PROZENT DAFÜR VERANTWORT-
LICH IST, WIE EIN MALT LETZTLICH DUFTET UND SCHMECKT.

No 2
WASH STILL
14706
LITRES

nie ein neues Eichenfass, sondern eines, in dem schon vorher einmal Whisky war, Grain oder Malt. Diese „Fasspolitik" markiert wieder einen Unterschied zwischen beiden. Auch Grain muss in Eiche lagern, Malt muss es nicht nur, sondern er verdankt ihr, Faktor vier, einen großen Teil seines Charakters. Man ist heute der Ansicht, dass die Lagerung im Fass einschließlich des ihn umgebenden Mikroklimas zu vierzig Prozent dafür verantwortlich ist, wie ein Malt letztlich duftet und schmeckt.

Whisky und Fässer gehören zusammen – kein Wunder, ist doch der Whisky ebenso eine keltische Erfindung wie das Fass. Umso erstaunlicher, dass man ihn nicht von Anfang an in Fässer gelagert, sondern eher frisch und jung getrunken hat, ihm seine Schärfe durch Honig und Kräuter nehmend. Irgendwann aber hat man gemerkt, dass sich Fässer nicht nur zum Transportieren und Schmuggeln eignen, sondern auch zum Lagern. Und seitdem achtet man scharf auf die Qualität der Fässer. Sie sind ein kostbarer Besitz, sind sie doch etwa fünfzig Jahre lang einsetzbar.

Schon früh hat man entdeckt, dass sich besonders Fässer, in denen vorher der in Schottland gern getrunkene Sherry war, für Malt eignen, auch Wein- und Rumfässer hat man wohl verwendet. Heute stellen ehemalige Bourbonfässer den Löwenanteil. Lästermäuler äußern gelegentlich, dass es überhaupt die einzige Daseinsberechtigung für den amerikanischen Whiskey sei, dass seine Fässer sich bestens für Malt eignen. Sie sind übrigens billig, schon weil sie in den USA nur einmal verwendet werden dürfen.

Eine neue Form der Reifung wurde vor etwa zehn Jahren eingeführt: die so genannten „finishings". Bei ihr wird ein Malt aus seinem ursprünglichen Fass umgefüllt in ein zweites, durch das er zusätzliche Aromen bekommt. Dieser Innovation sind einige schöne neue Tropfen zu verdanken. Oft fragt man sich freilich, ob sich der Aufwand lohnt und nicht nur aus Marketinggründen betrieben wird. Keiner wird aber in Abrede stellen, dass das Eichenholz am Malt Wunder wirkt, Aromen freisetzt, Härte und Schärfe abbaut.

Zwei Kräfte beeinflussen sich dabei gegenseitig: das Destillat und das Holz. Ist in den ersten Jahren der Whisky dominant, so werden im Lauf der Jahre die Kräfte des Holzes immer stärker. Der optimale Zeitpunkt, einen Malt abzufüllen, ist dann gekommen, wenn beide vollkommen in der

Balance sind, eine Harmonie hergestellt ist, bei der nichts überwiegt. Diesen Zeitpunkt zu finden, ist die Aufgabe des Master Blenders und seiner Mitarbeiter, die nicht mehr nur in der Brennerei, sondern auch dort zu finden sind, wo der Malt entweder als Single Malt abgefüllt wird oder mit Grain Whisky zum Blend „vermählt" wird.

Der Master Blender ist in der Regel für beide verantwortlich, die Malts und die Blends einer Firma – schon allein deshalb, weil in ökonomischen Kategorien gedacht, die Single Malts sozusagen nur schöner Luxus oder ein willkommenes Zubrot sind, während die Blends das Geld verdienen müssen. Für beide müssen die Fässer überwacht und ständig durchgesehen werden, für beide müssen sie zum besten Zeitpunkt zur Abfüllung freigegeben werden, für beide steht der Master Blender dafür gerade, dass der Genießer beim Kauf einer neuen Flasche in ihr genau das wieder findet, was er an der alten geschätzt, geliebt und genossen hat.

Wer einmal Gelegenheit hatte, einem solchen Master Blender bei der Arbeit zuzusehen, wird sich nur noch staunend, ehrfürchtig und in stiller Anerkennung verbeugen können – vor den Fähigkeiten, die diese Menschen von Natur aus mitbringen und durch jahrelanges Training perfektioniert haben. Sie reden nicht viel, brauchen nur den Bruchteil einer Sekunde, um einen Whisky zu beurteilen und ein genaues Aromenprofil im Kopf zu haben. Hunderte von Proben vor sich, von denen jede ein Fass repräsentiert, entscheidet der Master Blender, welche Fässer zusammengeführt werden müssen, um eine neue Abfüllung seines Blends vornehmen zu können. Er hat nur ein Grundrezept, das immer wieder neu mit Leben gefüllt werden muss. Er weiß, dass er für seinen Blend einen Herz-Malt und einen Leit-Malt hat, aber darüber hinaus braucht er für seinen Blend, je nach Kategorie, zwischen zwanzig und vierzig (und manchmal mehr) Malts.

Man weiß nicht, was man mehr bestaunen soll: Wenn der Master Blender einen ganz neuen Blend kreiert wie jüngst den Johnnie Walker Blue oder wenn er die Aufgabe hat, einen seit langer Zeit eingeführten und auf der ganzen Welt geschätzten wie den Johnnie Walker Red sozusagen zu reproduzieren und dafür zu sorgen, dass auch die neuen hunderttausend Flaschen so duften, schmecken und aussehen wie alle in den vergangenen Jahrzehnten. Spätestens jetzt wird es ganz klar, was einem Scotch Whisky seine Identität und seinen Charakter gibt, was dafür sorgt, dass der Whisky jeder Brennerei einmalig und unverwechselbar ist, ja dass der Whisky aus einem Fass anders ist als der aus dem daneben liegenden: Wasser, Torf, Brennblasen, Eichenfässer. Der wichtigste Faktor aber ist der Mensch. Und einen sehr guten Single Malt zu machen ist ebenso eine Kunst wie einen sehr guten Blend, Mr. Bronfman.

MANCHE SPRECHEN DAVON, DASS WHISKY DAS EINZIGE GETRÄNK SEI, DAS IN SICH ALLE VIER ELEMENTE VEREINIGT: ERDE, FEUER, WASSER UND LUFT.

LEBENSWASSER – AQUA VITAE

DIE ANFÄNGE VERLIEREN SICH IN DER DUNKELHEIT DES MITTELALTERS, IN DEN TIEFEN DER KELTISCHEN GESCHICHTE.

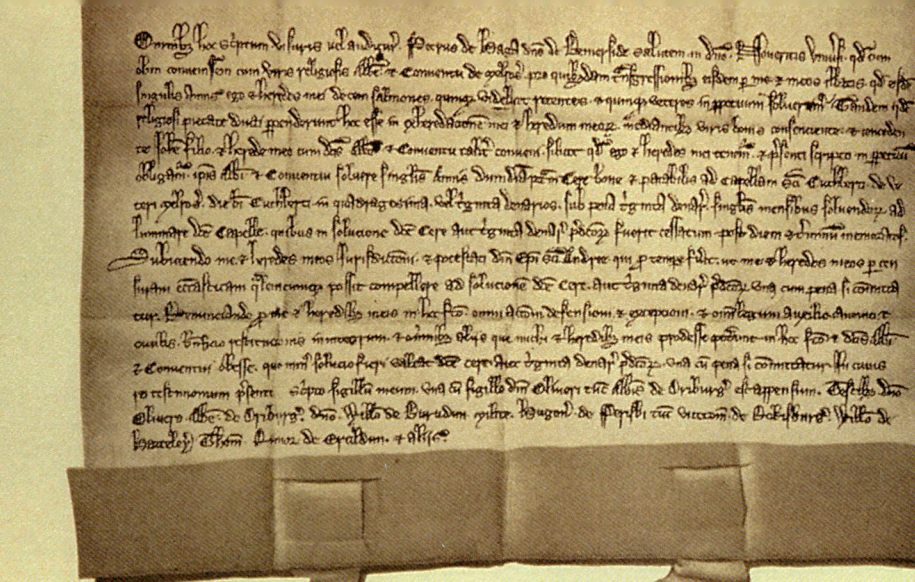

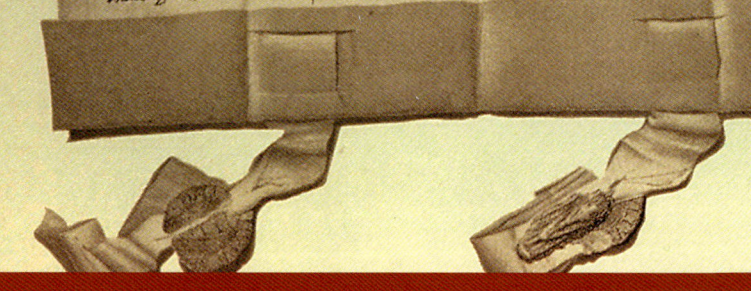

FÜR BRUDER JOHN COR, AUF BEFEHL DES KÖNIGS, ACHT MASS GERSTENMALZ, UM DARAUS WASSER DES LEBENS ZU MACHEN …
VERZEICHNIS DES SCHATZKANZLERS VON KÖNIG JAMES IV, 1494

ICH HÄTTE NIEMALS VOM SCOTCH ZU DEN MARTINIS GEHEN SOLLEN.
HUMPHREY BOGART

ES IST EIN WEITER WEG vom schottischen Klosterbruder aus einer Abtei in der Nähe von St. Andrews bis zu Bogie, einem der Größten, der je auf der Leinwand erschienen ist – ein weiter Weg, den ein offensichtlich schon damals am Königshof beliebtes Getränk namens Lebenswasser, in der Urkunde lateinisch als „aqua vitae" bezeichnet, aus dem kleinen Land im Norden der britischen Insel bis nach Hollywood zurücklegte. Wenn es denn eine gibt, dann ist dies eine schottische Erfolgsgeschichte: von einem lokalen Erzeugnis zum weltweit geschätzten Produkt – aus dem Kloster über den Bauernhof zum Weltmarkt.

Die Anfänge verlieren sich in der Dunkelheit des Mittelalters, in den Tiefen der keltischen Geschichte. Niemand weiß, wo genau er herkommt, niemand weiß, wer ihn zum ersten Mal gemacht hat, jenen Whisky, wie er in der Sprache derer heißt, die ihn so genannt haben, weil sie das gälische uisge beatha (ieschge baa) nicht aussprechen konnten, und der zuweilen auch spirit genannt wird. Und wirklich, in der Welt der Gälen, jener Kelten vom nordwestlichen Ende Europas, der Welt eines St. Patrick und St. Columba, der Welt des guten König Artus und seines klugen Zauberers Merlin, weiß man, dass der Geist in vielen Formen mächtig ist. Eine davon, vielleicht seine schönste, ist der Whisky.

Gelehrte streiten sich immer noch, wann und wo und von wem die Kunst der Destillation entdeckt worden ist, also die Möglichkeit, eine Flüssigkeit durch Verdampfen und Wiederverflüssigen zu konzentrieren, sie ihrer Essenz zuzuführen. Gelehrte streiten sich auch darum, wer diese Kunst zum ersten Mal in die keltischen Länder gebracht hat und in welches von ihnen. Die Iren, bei denen ja mehr oder weniger alles auf ihren Nationalheiligen zurückgeht, schreiben ihm auch ihren Whiskey zu – die Waliser, gewiss keine Whiskynation, setzen ihren ebenso generalverantwortlichen Heiligen David dagegen.

Die Schotten haben es gut – sie müssen St. Andrews gar nicht erst bemühen. Sie müssen sich nicht in Legenden flüchten, weil sie die erste schriftliche Quelle besitzen, in der Whisky wirklich und beweisbar genannt ist. Also lehnen sie sich auch am Stammtisch genüsslich zurück und kontern die Behauptung der Iren, sie hätten den Whisky erfunden, die Schotten aber müssten immer noch lernen, mit der Feststellung: Die Iren mögen ihn erfunden haben – aber wir haben ihn trinkbar gemacht. Wie auch immer, die wahrscheinlichste historische Version könnte etwa lauten: Aus dem damaligen Zentrum der Wissenschaft, aus Sorent, haben irische Mönche irgendwann im 12. Jahrhundert die Kunst des Destillierens in die Heimat mitgebracht und vom Wein auf das heimische Bier übertragen.

Irische Mönche, die ja überall im damaligen Schottland (und weit darüber hinaus, auch in Deutschland) missionierten, haben ihre Kenntnisse dann ins Land der Nachbarn „exportiert" und mit ihnen vermutlich auch das Wissen, dass das Lebenswasser nicht nur zum Kurieren äußerlicher Leiden brauchbar sei, sondern sich auch bestens für die innere Anwendung eigne. Vom Kloster hat der Whisky bald hinaus gefunden dorthin, wo die zu seiner Erzeugung notwendige Gerste wuchs, auf die Höfe der Clan-Chiefs und ihrer Farmer und sicherlich auch in die Städte. Eine weitere schottische Urkunde aus dem Jahr 1505 garantiert jedenfalls den Badern Edinburghs ein Monopol für die Herstellung von Whisky.

Das zeigt einerseits wiederum die Verbindung zur Medizin, andrerseits lässt die Menge, die der König bei den Medizinern bestellte, darauf schließen, dass sein Hofstaat sie nicht nur zum Kurieren aller möglichen Wehwehchen brauchte – obwohl die Ärzte bald herausgefunden hatten, dass sie praktisch alles mit Whisky heilen konnten. Im Jahr 1578 listete denn auch eine schottische Zeitung auf immerhin achtzehn Druckzeilen die Krankheiten auf, die mit dem Zauberstoff bekämpft werden können; es waren praktisch alle, die damals bekannt waren. Sie vergaß übrigens auch nicht den Hinweis auf einen „mäßigen Genuss" und versprach, dass er dann auch die Jugend verlängere und das Altern verlangsame.

Eine wichtige Erfindung, nämlich das Kondensieren, Verflüssigen durch Kühlen eines „Wurms", des worm, in kaltem Wasser, machte es praktisch jedermann möglich, sich seinen Whisky selbst zu destillieren. Bald war er in der Tat nicht mehr für die Fürstenhöfe und Klöster, Bader und Ärzte reserviert. Er wurde das Alltagsgetränk der Highlander, stand schon zum Frühstück (der täglichen Hauptmahlzeit in der Regel) auf dem Tisch und wurde den ganzen Tag nicht abgeräumt. So beobachtete der die Sitten recht kritisch beurteilende berühmte Dr. Samuel Johnson: „Sobald er (der Hausherr) morgens erscheint, schluckt er ein Glas Whisky – sie sind aber

ER WURDE DAS ALLTAGSGETRÄNK DER HIGHLANDER, STAND SCHON ZUM FRÜHSTÜCK (DER TÄGLICHEN HAUPTMAHLZEIT IN DER REGEL) AUF DEM TISCH UND WURDE DEN GANZEN TAG NICHT ABGERÄUMT.

MAN TRANK DEN WHISKY JUNG, FRISCH DESTILLIERT, OHNE IHN ZU LAGERN UND REIFEN ZU LASSEN.

keine betrunkene Rasse, jedenfalls konnte ich keine Unmäßigkeit beobachten. Aber niemand ist so enthaltsam, einen Morgentrunk abzulehnen."

Dass Wasser damals eine zweifelhafte Qualität hatte und oft verunreinigt war, sich also zum Trinken nicht eignete, hat den Griff zum Whiskydecanter zusätzlich gefördert. In seinem Buch über das Leben auf Skye bringt es J.A. Macculloch auf den Punkt: „Früher bot jedes Ereignis eine Gelegenheit zum Trinken. Wenn es regnete, sagte man: Lasst uns einen heben, um die Feuchtigkeit draußen zu halten. Wenn's kalt war: Lasst uns einen trinken, um was gegen die Kälte zu tun. Und wenn's ein schöner Tag war, mussten wir auf ‚seine Gesundheit' anstoßen."

Man trank den Whisky jung, frisch destilliert, ohne ihn zu lagern und reifen zu lassen. Wem er so zu scharf war, griff zu Kräutern und Honig, um den stechenden Geschmack zu mildern; wer heute einen Malt genießt, trinkt nicht das, was damals getrunken wurde – es schmeckte so wie Malt, der frisch aus der Brennblase kommt, oder so wie ein anderer schottischer Klassiker, der Whiskylikör Drambuie, der seine Herkunft auf den unglücklichen „Bonnie Prince Charlie" zurückführt. Er soll, nachdem er durch die Niederlage bei Culloden 1746 die schottische Unabhängigkeit endgültig verspielt hatte und sich bei seiner Flucht vor den siegreichen Engländern bei Familie MacKinnon auf Skye verstecken durfte, seinen Rettern aus Dankbarkeit sein persönliches Rezept für diesen Whiskydrink hinterlassen haben.

Auch ökonomisch spielte der Whisky eine bedeutende Rolle. Das Gerät, um ihn herzustellen, konnte sich jeder leisten oder sogar selbst bauen. Die kleinen Pächter in den Highlands konnten die nicht als Nahrung gebrauchte Gerste verwenden. Sie brannten für den Hausgebrauch, verschafften sich aber auch einen kleinen Nebenverdienst. Der wiederum sicherte ihrem Laird die Pachtzahlung. Das Idyll war aber von Anfang an bedroht. Schon John Cor brauchte eine Erlaubnis seines Königs: damit begann die zweite Traditionslinie, der Versuch der Regierungen über all die Jahrhunderte, am Whisky mitzuverdienen und Steuern auf ihn zu erheben. Schon die Schotten fingen damit an. Ihr Parlament erhob 1646 eine Taxe, um den Krieg gegen die Engländer zu finanzieren. Doch erst die langten so richtig schamlos zu, nachdem sie 1707 durch den Unionsvertrag ihr Herrschaftsgebiet auch auf Schottland ausgedehnt hatten.

Fast hat man den Eindruck, dass die Schotten versuchten, einen Teil ihrer durch die Sieger aus dem Süden bedrohten Identität dadurch zu retten, dass sie sich nicht an die Gesetze hielten, schwarz brannten und einen lebhaften Schmuggel betrieben; verständlich, weil diese Sieger blutig und brutal vorgingen und z.b. die gälische Sprache verboten. Ähnlich reagierten übrigens auch die Iren, die bis heute legal hergestellten Whiskey verächtlich als „Parlamentswhiskey" diffamieren und glauben, dass die Herstellung von Schwarzgebanntem, von poitín, sozusagen ein Menschenrecht sei.

Ungezählt sind die Geschichten, die von den Auseinandersetzungen zwischen den irischen und schottischen Schwarzbrennern und Schmugglern auf der einen und den englischen Zöllnern, den excisemen, auf der anderen Seite berichten. Die Cummings etwa, die später ihre Brennerei Cardhu am Spey legalisieren ließen, waren berühmte illicit distillers, und von Helen Cumming erzählt man sich, dass sie gerne die Zöllner ins Haus lud – und sobald sie drin waren, eine rote Fahne hisste, um die Nachbarn zu informieren. Viele dieser Stories sind unterhaltsam, aber nicht immer. Denn es floss bei diesen Auseinandersetzungen zwischen den Highlandern und den Behörden auch viel Blut und es gab viel Heuchelei und Doppelmoral. Oder wie soll man es nennen, wenn der König höchstpersönlich beim Besuch in Schottland nach einem bestimmten Malt verlangte, wohl wissend, dass der illegal gebrannt war?

Erst 1823 gelang es, ein Gesetz zu erlassen, das die Schotten nicht als unfair betrachteten und eine Reihe von ihnen veranlasste, Lizenzen zu erwerben, als ersten George Smith für seine Brennerei Glenlivet. Zum Klagen gab es freilich auch danach Anlass, wegen des unglaublichen und immer noch ungestillten Appetits der Engländer auf schottische Steuergelder, die sie regelmäßig erhöhten – so sehr, dass man sich manchmal fragt, ob sie die Kuh, die ihnen so reichlich Milch spendete, schlachten wollten und wollen. Denn heute beträgt der Steueranteil an einer Flasche hochprozentigen Malts fünfzig Prozent! Das stolze Getränk hat also eine Geschichte mit vielen Tiefpunkten.

Kurz nachdem durch die Gesetzesreform endlich ein Weg gefunden war, der die Whiskyproduzenten in den Highlands nicht schlechter stellte als die der Lowlands und der es in der Zukunft möglich machen würde, soli-

NOCH EINES GESCHAH IN JENEN ZWANZIGERJAHREN DES
19. JAHRHUNDERTS. ES TRATEN MÄNNER AUF DEN PLAN,
DIE MIT DEM WHISKY HANDELTEN UND DAFÜR SORGEN
SOLLTEN, DASS DIE ZUKUNFT NICHT DENEN GEHÖRTE, DIE
DEN WHISKY PRODUZIERTEN, SONDERN DENEN, DIE
MIT IHM HANDELTEN.

DIE ANSICHT, DASS WHISKY BEIM ALTERN BESSER WIRD, STIMMT. JE ÄLTER ICH WERDE, DESTO LIEBER MAG ICH IHN.
RONNIE CORBETT

de Unternehmen aufzubauen und den Scotch Malt Whisky zu einem Markenprodukt zu machen, kurz danach also gelang dem zur Dynastie der Haigs zählenden Robert Stein und dem ehemaligen Chef der irischen Steuerbehörde Aenas Coffey eine Erfindung, die dafür sorgte, dass der Malt aus dem Bewusstsein der genießenden Öffentlichkeit für sehr lange Zeit verschwinden sollte (obwohl er natürlich nach wie vor gebraucht wurde): Eine ganz neue Destillationsmethode, die einen ganz neuen Whiskytyp hervorbrachte, den Grain Whisky (siehe Seite 50).

Noch eines geschah in jenen Zwanzigerjahren des 19. Jahrhunderts. Es traten Männer auf den Plan, die mit dem Whisky handelten und dafür sorgen sollten, dass die Zukunft nicht denen gehörte, die den Whisky produzierten, sondern denen, die mit ihm handelten. Viele Namen, die bis heute mit großen Whiskymarken in Verbindung gebracht werden, tauchten in jenen Jahren zum ersten Mal auf. Sie haben eines gemeinsam: sie gehörten unternehmenden Männern, die in schottischen Städten und Ortschaften kleine Lebensmittelhandlungen gründeten, in denen sie auch Whisky anboten, und die ihre Unternehmen aus jenen bescheidenen Anfängen zu Weltfirmen und ihre Whiskies zu Weltmarken machten. Deren Flaschen tragen bis heute ihre Namen: Georg Ballantine aus Glasgow, die Gebrüder Chivas aus Aberdeen, John Dewar aus Perth, William Teacher ebenfalls aus Glasgow – um nur einige, in alphabetischer Reihenfolge, aufzuzählen. Weil aber ein weiterer, aus dem südwestlich von Glasgow gelegenen Flecken Kilmarnock, zusammen mit seinen Nachkommen ihren Whisky zur unangefochtenen Nr. 1 der Welt machte, soll die Geschichte, wie es mit dem Scotch weiterging, an diesem Beispiel erzählt werden. Sein Name? John Walker.

Er eröffnete 1820 seinen Laden und wurde bald durch seine Mischungen berühmt, seine Blends. Sein Talent stellte er anfangs vor allem mit Tees unter Beweis, bald aber auch mit Whisky, den er von Brennereien in den Highlands und auch in den nahe gelegenen Lowlands bezog. Weil diese Malts, selbst wenn sie vom gleichen Brenner kamen, immer anders waren, weil er aber seinen Kunden so etwas wie eine Hausmarke bieten wollte, experimentierte er mit dem, was er beim Tee schon so erfolgreich praktiziert hatte: Er komponierte aus den Einzelfässern einen neuen Scotch und weil es ihm gelang, die in seinem Keller liegenden Whiskies so zu mischen, dass sie tatsächlich immer gleich rochen und schmeckten, fragten seine Kunden bald nicht mehr nach dem Whisky aus Glenlivet, aus Mortlach, aus Cardhu, Lochnagar oder Talisker, sondern nach dem Walker-Whisky. Bald kamen die Kunden nicht mehr nur aus Kilmarnock, sondern auch aus Edinburgh und Glasgow, wo sich die Walkers, Sohn Alexander war ins Geschäft eingetreten, bald einen besonderen Ruf erarbeiteten, weil sie ihren Whisky auch den Passagieren der auslaufenden Schiffe anboten.

Alexander Walker war bald die treibende Kraft. Er und seine Söhne, George und Alexander, sorgten für die Expansion, weil sie begriffen hatten, dass ihrem Produkt nicht nur der schottische Markt offen stand, sondern auch London und England und vielleicht sogar die ganze Welt. In der Zwischenzeit hatte eine weitere Innovation die Welt des Scotch Whisky einmal mehr revolutioniert. Sie ist mit dem Namen Andrew Usher verbunden. Er soll es gewesen sein, der nicht nur Malts mischte, „vattete", sondern Malts und Grains. Er nutzte Grains als grundsolide und billige Basis und gab seinem Blend dadurch Charakter, dass er in ihn viele verschiedene Malts „montierte". Dadurch machte er sie wiederholbar, immer wieder gleich schmeckend, gleich duftend. Erst diese Konsistenz machte es möglich, eine Marke zu kreieren.

Wie viele ihrer Kollegen und Konkurrenten gingen auch die Walkers nach London. 1880 eröffneten sie dort eine Niederlassung, um ihren 1867 geschaffenen John Walker's Old Highland Whisky und ihren Special Old Highland Whisky anzubieten – schon damals in der charakteristischen viereckigen Flasche mit dem schrägen Etikett. Auch die Walkers waren, wie andere, wahre Marketinggenies und -pioniere. Um noch ein paar Daten zu nennen, die das beweisen – und gleichzeitig Auskunft geben über den Weg des Scotch überhaupt: 1908 ließen sie Johnnie Walker als Marke eintragen, 1909 benannten sie den Special um in Johnnie Walker Red Label.

Im gleichen Jahr gelang ihnen die Schaffung der vermutlich bekanntesten Werbefigur der Welt, des berühmten „Striding Man", jener Verkörperung des britischen Gentleman im Kostüm des Reiters mit rotem Jacket, weißen Breeches und glänzenden schwarzen Stiefeln – das Lorgnon nicht zu vergessen. 1911 kam noch der wiederum wohl berühmteste Werbeslogan der Whiskygeschichte dazu: „Born 1820 – still going strong", der

IM GLEICHEN JAHR GELANG IHNEN DIE SCHAFFUNG DER VERMUTLICH BEKANNTESTEN WERBEFIGUR DER WELT, DES BERÜHMTEN „STRIDING MAN" …

WIE VIELE ANDERE WHISKYMACHER HATTEN AUCH
DIE WALKERS FRÜH GESEHEN, DASS SIE SICH DURCH DEN
ERWERB EIGENER MALT-BRENNEREIEN UNABHÄNGIGER
MACHEN MUSSTEN.

sogar mit einer Zahl arbeitet, die nicht an den Haaren herbeigezogen ist. Der Slogan wurde bis vor kurzem noch benutzt und auch die Figur wurde immer nur sehr behutsam überarbeitet.

Bei der Eroberung Londons und Englands kam den Walkers übrigens ein Ereignis zustatten, das im Rückblick den entscheidenden Durchbruch des Scotch Whisky ermöglicht hat: die Reblauskatastrophe. Sie hatte dazu geführt, dass in den vornehmen Kreisen der Hauptstadt plötzlich weder der geliebte Claret, der Rote aus Bordeaux, zur Verfügung stand, noch der vor allem von den Gentlemen nach dem Dinner für unumgänglich gehaltene Brandy. Die Schotten waren nur allzu gern bereit, für Ersatz zu sorgen und ihre Blends anzubieten. Seitdem fehlte er in keinem Haushalt, wurde zum wichtigsten Drink in den Offiziersmessen nicht nur der Briten. Bald erreichte er auch die Länder des Commonwealth. Ein Tommy Dewar bereiste viele Länder und auch die Walkers schickten Familienmitglieder nach Australien. 1920 gab es den Johnnie Walker schon in 120 Ländern. Das war bekanntlich das Jahr, in dem in den USA die Prohibition ausgerufen wurde. Sie konnte den Siegeszug des Scotch nicht bremsen – eher im Gegenteil. Aber das ist eine andere Geschichte.

Wie viele andere Whiskymacher hatten auch die Walkers früh gesehen, dass sie sich durch den Erwerb eigener Malt-Brennereien unabhängiger machen mussten. Sie pachteten die längst geschlossene Annandale Distillery und kauften im gleichen Jahr die in der Speyside, also im Herzen der schottischen Whiskylande gelegene Cardhu Distillery, jene Brennerei von Helen Cumming und später ihrer Schwiegertochter Elizabeth, die bis heute den wichtigsten Beitrag zu allen Johnnie Walkers stellt und mit ihrem Visitors Centre sozusagen seine Heimat ist. Cardhu gehört seit 1893 zum Walker-Imperium – seit einer Zeit, in der eine andere Entwicklung begann, die das Gesicht des schottischen Whisky veränderte und bis heute prägt: der Zusammenschluss von Brennereien und Firmen zu immer größeren Konzernen. In meinen Büchern „Malt Whisky Guide" und „Single Malt Note Book" habe ich über Besitzverhältnisse und Verflechtungen ausführlich berichtet.

Scotch ist nicht erst heute Big Business. Kleine Firmen haben es schwer – und entsprechend wenige gibt es, wenn auch in den letzten

Jahren wieder mehr. So haben einige der so genannten „unabhängigen Abfüller", die überhaupt einen großen Anteil an der Whiskykultur haben, Brennereien erworben: Gordon & MacPhail etwa Benromach, Murray McDavid Bruichladdich oder, erst 2002, Signatory Schottlands kleinste Destillerie Edradour in der Nähe von Pitlochry. Im Familienbesitz sind eigentlich nur noch drei ältere Firmen: J. & A. Mitchell von Springbank, J. & G. Grant von Glenfarclas und William Grant & Sons. Von ihr muss zum Schluss die Rede sein. Denn sie hat die jüngste Entwicklung eingeleitet, die wiederum von vielen als Revolution bezeichnet wird – und dazu geführt hat, dass es den oben zitierten Maltliebhaber überhaupt geben kann: die Wiederentdeckung des Malt als Single Scotch Whisky. Lange, ein ganzes Jahrhundert hindurch war der Malt nur noch eines: ein unverzichtbarer Bestand der Blends. Dass man ihn auch allein genießen konnte, war in Vergessenheit geraten, auch in Schottland, jedenfalls weithin. Es war im Jahr des Herrn 1963, als William Grant & Sons die Zeit gekommen sahen, endlich wieder einen Malt verfügbar zu machen: ihren Glenfiddich. Nun sind die Grants zwar eine der wenigen Gründerfamilien, denen ihre Firma ununterbrochen bis heute gehört, aber sie sind kein kleines Unternehmen.

Die Grants wussten auch, dass nur gutes Marketing dafür sorgen würde, ein bis dato unbekanntes Produkt erfolgreich zu vermarkten und angesichts des Spottes und der Skepsis der gesamten schottischen Whiskyindustrie erfolgreich durchzusetzen. Anfangs nur zögerlich, dann aber immer eindeutiger und entschiedener wurden dann weitere Malts herausgebracht, der Macallan etwa, der Springbank. Bezeichneten William Grant & Sons anfangs ihren Malt einfach und um ihn von den Blends zu unterscheiden mit „Pure Malt", so setzte sich bald eine neue Bezeichnung durch: Single Malt als Kennzeichnung für den Malt aus einer einzigen, ganz bestimmten Brennerei. Heute sieht die Welt des Scotch Whisky wieder anders aus. Natürlich spielen nach wie vor die Blends ihre bei weitem dominierende Rolle und bilden ökonomisch gesehen das Rückgrat, sind das Brot, während die Malts höchstens die Butter bringen. Die Blends stellen immer noch etwa 90% des Umsatzes. Aber die Malts sind erstens der Vergessenheit entrissen und sind ein langsam, aber solide wachsendes Segment, dessen Erträge gerne genommen werden in einer Zeit, in der die Blends aus

THE KING OF DRINKS...
TALISKER, ISLAY...
ROBERT LOUIS STEVENSON

DIE HIGHLANDER... BEWIRTEN SICH MIT WHISKY... SIE
HALTEN IHN FÜR EIN GUTES MITTEL GEGEN DIE
WINTERKÄLTE... MIT GROSSEM ERFOLG WIRD ER KINDERN
EINGEFLÖSST, UM SIE GEGEN POCKEN ZU SCHÜTZEN.
TOBIAS SMOLLET, HUMPHREY CLINKER,1791

den verschiedensten Gründen rückläufig sind – vor allem, weil es nicht gelungen ist, die jungen Leute zu erobern. Allerdings gibt es Ausnahmen (die wie immer die Regel bestätigen): Junge Spanier finden Scotch Blend offensichtlich sexy. Und im Übrigen sind es gerade junge Leute, die sich für Malt begeistern können – und für Schottland.

Ein paar wichtige Stufen sollen noch genannt werden. Eine nachgerade bahnbrechende Innovation war die Einführung der sechs „Classic Malts", die ihren Namen wirklich verdienen, wurde doch zum ersten Mal deutlich gemacht, dass es eben nicht genügt, nur einen oder zwei Malts genießen zu können, sondern dass sein Reiz gerade in seiner Vielseitigkeit liegt und dass die auch mit den Regionen zu tun hat, aus denen die Malts kommen. Noch glücklicher haben United Distillers, wie sie hießen, bevor sie Diageo wurden, die Genießer mit ihrer Serie „Flora & Fauna" gemacht, die plötzlich und auf einen Schlag 22 Malts verfügbar machte.

Seitdem ist es unaufhaltsam weitergegangen. Was man noch vor zwanzig Jahren nicht zu träumen wagte, dass man einmal den Single Malt von jeder schottischen Brennerei, von der noch Mauern stehen, probieren dürfte: Es ist Wirklichkeit geworden. Einen unschätzbaren Beitrag dazu haben nicht nur die Besitzer dieser Brennereien geleistet, sondern die schon erwähnten Unabhängigen, zu denen auch Clubs wie die „Scotch Malt Whisky Society" oder der deutsche „Scotch Single Malt Circle" gehören, die in der Regel und bis auf die ebenfalls erwähnten Ausnahmen keine Destillerie ihr Eigen nennen, sondern Einzelfässer erwerben und sie abfüllen. Das hat die Zahl der Abfüllungen explosionsartig steigen lassen – wie übrigens auch die Einführung der so genannten finishings, also der Malts, die in zwei Fässern „ausgebaut" wurden. Wer vor vierzig Jahren den Glenfiddich als seinen ersten Malt genossen hat, seitdem immer auf der Suche nach möglichst vielen weiteren dieser Köstlichkeiten war, dabei anfangs große Schwierigkeiten zu überwinden hatte und froh war, wenn er fünf oder sechs besitzen durfte, der steht heute fast schon ungläubig vor den Regalen in einem ganz gewöhnlichen Supermarkt, in dem sie sich reihen, die kleinen Lieblinge – ganz zu schweigen vom Angebot der Fachgeschäfte, die es auf hunderte Varianten bringen. Und er reibt sich glücklich die Augen und fragt sich, wer das Wunder bewirkt hat. Vielleicht doch der spirit der guten alten Kelten …

SCHOTTISCHE REISE

DAS GEHEIMNIS LIEGT, WIR KÖNNEN ES
NICHT OFT GENUG WIEDERHOLEN, IN DEN MENSCHEN
UND IM LAND.

**IN SEINEM LAND IST WHISKY EINE PHILOSOPHIE,
EIN MYSTERIUM, EINE INKORPORATION DER ELEMENTE,
DIE IN DER ERDE UND DEN MENSCHEN WIEDER
GEFUNDEN WIRD.**
ALASTAIR M. DUNNETT, LAND OF SCOTCH

VON DEN MENSCHEN WAR SCHON DIE REDE UND DAVON, dass sie dafür verantwortlich sind, dass Scotch Whisky so ist, wie er ist. Wer wirklich mit allen Sinnen (und mit dem Verstand auch) erfassen will, warum Scotch Whisky so ist, wie er ist, der muss sich aufmachen und dorthin reisen, wo er diese Menschen finden kann: nach Schottland. Alastair M. Dunnett und Trevor Conan bringen es auf den Punkt, so wie es viele vor ihnen getan haben und viele nach ihnen tun werden: Scotch und Schottland, die Menschen und das Land, gehören zusammen – und nicht nur, weil der Gesetzgeber bestimmte Vorschriften erlassen hat, die selbst die europäische Bürokratie trotz ihrer Unersättlichkeit, alles zu vereinheitlichen, anerkannt hat.

Viele andere haben das Geheimnis des Scotch ergründen wollen, haben manchmal tiefgründende, manchmal nur erheiternde Theorien vorgelegt, warum es anderswo nicht gelungen ist, einen Whisky zu destillieren und heranreifen zu lassen, der auch nur annähernd an einen schottischen Malt herankommt. Sie haben das Wasser bemüht, die besondere Art des schottischen Torfs verantwortlich gemacht und haben manchmal sogar versucht, Wasser und Torf aus Schottland zu sich zu holen, pot stills zu importieren und selbst schottische Gerste: Es ist ihnen dennoch nicht gelungen, einen Whisky zu erzeugen, der, so respektabel ihr Produkt im Einzelfall auch sein mag, vom Rang eines Scotch Single Malt wäre.

Das Geheimnis liegt, wir können es nicht oft genug wiederholen, in den Menschen und im Land. Es gibt beim Scotch – ist es ein Zufall, dass wir schon wieder vom Geist, von spirit reden müssen? – so etwas wie einen spiritus loci. Wer ihn sucht, findet einen guten, einen besonders schönen Teil von ihm schon in jeder Flasche, die er öffnet, in jedem Glas, das er schlürft. Das ist eine der besonderen Freuden, die der Genuss von Scotch Whisky schenkt. Was noch fehlt, findet er nur, wenn er sich dorthin bemüht, wo die Menschen leben, die ihn gemacht haben, wo die Brennerei steht, aus der er kommt oder aus der, wenn es sich um einen Blend handelt, sie kommen, die vielen verschiedenen Malts, die sich in ihm zu einer grandiosen Einheit verbunden haben.

Leider kann man, im Augenblick jedenfalls, nirgendwo in Schottland zuschauen, wie einer jener Blends komponiert wird, wie seine „Grundwhiskies" in großen Behältern miteinander verheiratet, ehe sie dann in weitgehend automatisierten Anlagen abgefüllt werden. Umso einfacher ist es mittlerweile, die heiligen Stätten zu besichtigen, wo der Malt entsteht und reift, der in die Blends Eingang findet und immer häufiger und immer mehr auch als Single in die Flasche kommt und zum Genießer findet. Dass die Brennereien die Tore den Besuchern öffnen, war nicht immer so. Pionier war auch dabei Glenfiddich. Die Möglichkeit, einmal zu sehen, wo der Lieblingsmalt gemacht wird, hat erheblich zur Markenbindung beigetragen. Heute stellt der „Whiskytourismus" einen wichtigen Wirtschaftsfaktor für das Land dar.

Wer sich auf den Weg macht, hat die Qual der Wahl unter ungefähr 125 Destillerien, die oft Namen tragen, die nur schwer zu lesen und, wie es zunächst aussieht, noch schwerer auszusprechen sind. Es sind gälische Namen. Ortsnamen meist, weil die Brennereien in der Regel so heißen wie der Ort, in dem sie liegen (manchmal besteht der Ort sogar nur aus seiner Brennerei). Doch gerade als Deutscher tut man sich mit der Aussprache leichter als ein Engländer! Also: Cragganmore ist nicht cräggenmor, sondern „krágganmor", Bruichladdich nicht bra-isch-läddisch, sondern „bruchláddie", Lagavulin nicht lägä-vjulin, sondern ganz einfach „laga-vúlin" und so weiter. Bald wird man lernen, dass „glen" das Tal heißt oder „more" groß.

Von den 125 Brennereien arbeiten leider nicht alle. Manche sind für immer verloren, abgerissen, einer anderen Verwendung zugeführt wie Glenlochy und St. Magdalene, aus denen Wohnungen geworden sind, manche sind geschlossen, oft seit mehr als 20 Jahren, einige auch erst seit kurzem. Der Grund dafür ist, dass es schwer zu kalkulieren ist, wie viel Whisky dann wirklich gebraucht wird, wenn er reif ist, also in etwa zehn oder zwölf Jahren. Deshalb werden Destillerien stillgelegt und, wenn es gut geht, auch wieder eröffnet. Zurzeit arbeiten von den 125 etwa zwei Drittel, also 85. Die gute Nachricht ist, dass auch von anderen noch das eine oder andere Fass vorhanden ist und abgefüllt wird, die schlechte, dass diese Fässer natürlich immer teurer werden.

Praktischerweise kann man sich einen guten Überblick über die Vielfalt der schottischen Destillerien wegen der sogenannten Whiskyregionen verschaffen. Ursprünglich eingeführt als eine der Maßnahmen,

JEDER MALT IST EIN INDIVIDUUM, BESITZT SEINEN EINZIGARTIGEN UND UNVERWECHSELBAREN CHARAKTER.

CLASSIC MALTS...

die die Highlander als Diskriminierung empfanden, weil sie (zu Recht) glaubten, dass sie mehr Steuern bezahlen mussten als ihre Kollegen aus dem Süden, aus den Lowlands, die durch die berühmt berüchtigte „highland line" von ihnen getrennt wurden. Es gibt sie immer noch, aber heute sind die Steuern für alle gleich (hoch) und die Linie läuft etwa von Greenock westlich von Glasgow nach Dundee. Nördlich werden Highland-Malts erzeugt, südlich die Lowlands, von ihnen nur noch in Glenkinchie südöstlich von Edinburgh, in Auchentoshan am äußersten westlichen Rand von Glasgow und, nur noch periodisch, in Bladnoch ganz im Südwesten Schottlands. Andere Lowland-Brennereien wie Rosebank und St. Madgalene in Linlithgow, dem Geburtsort der unglücklich Mary Queen of Scots, sind Geschichte.

Vergleicht man ihre Malts miteinander, wird man leicht feststellen, dass bei allen Gemeinsamkeiten die große Grundregel ihre Gültigkeit hat: Jeder Malt ist ein Individuum, besitzt seinen einzigartigen und unverwechselbaren Charakter. Das sollte man immer im Kopf behalten, wenn man die schottische Whiskylandkarte betrachtet und sich auf die Wallfahrt zu den Ursprungsorten macht. Die Einteilung der Destillerien in Regionen macht es sehr viel einfacher, einen Überblick zu gewinnen und zu behalten. Innerhalb der Highlands kann man dann etwa weitergehende Unterteilungen in die südlichen, nördlichen, östlichen und westlichen Highlands vornehmen – mit einem Kerngebiet, das so etwas wie das Herzstück des Scotch überhaupt ist: die Speyside, benannt nach dem Fluss Spey, der nahe der Grampian Mountains entspringt, dann diagonal vom Südwesten nach Nordwesten fließt und in die Nordsee mündet. Früher galt auch noch Campbeltown auf Kintyre als eine Whiskyregion, aber dort gibt es nur noch drei Brennereien, Glen Scotia, Springbank (wo gleich drei verschiedene Malts erzeugt werden) und seit 2004 Glengyle. Eine weitere Region bilden die Islands; auf den Orkneys sind Brennereien zu finden, auf Syke gibt es Talisker und auf Mull Tobermory. Eine Region aus eigenem Recht bildet die Insel Islay, für viele die Heimstatt der schönsten Malts, mächtige, große Whiskies, die mit jedem Schluck verraten, dass sie von einer Atlantikinsel mit ihren weiten Torffeldern und der salzigen, jodhaltigen Luft geprägt sind.

Der Tatsache, dass es regionale, stilistische Unterschiede gibt, verdankt die für die Wiederauferstehung des Scotch Malt Whisky gar nicht hoch genug einzuschätzende Serie der „Six Classic Malts of Scotland" ihre Entstehung. Sie demonstriert überzeugend, dass und wie der Glenkinchie aus den Lowlands sich vom Dalwhinnie aus den südlichen Highlands unterscheidet – und der wiederum vom Cragganmore aus der Speyside und vom Oban von der Westküste und von den beiden mächtigen, aber völlig anders ausgeprägten Inselmalts Lagavulin von Islay und Talisker von Skye. Wer immer nur einen Malt genießt, bringt sich um das schönste Vergnügen: die Entdeckung der Unterschiede, die Entdeckung, dass jeder sich am besten bei einer anderen Gelegenheit genießen lässt, die Entdeckung, dass es den einen Malt nicht gibt, mit dem man durchs Leben kommen könnte, die Entdeckung, dass jeder Malt groß ist, aber erst alle zusammen wahrhaft das Größte.

Vielleicht die schönste Möglichkeit, in relativ kurzer Zeit relativ viele Brennereien kennen zu lernen und ihren spiritus loci in sich aufzunehmen, ist eine Reise in die Speyside – und dort wiederum der Speyside Way, ein Wanderweg, der am Fluss entlang führt. Fast ein Drittel aller schottischen Brennereien befindet sich dort – in einem Gebiet, das nicht länger als etwa dreißig und breiter als etwa zwanzig Kilometer ist. Der Grund dafür ist einfach: in der Speyside findet sich alles, was man zum Whiskymachen braucht: reinstes Wasser, fruchtbare Gerstenfelder, Torfmoore. Bis 1820 gab es kaum Straßen, das für Militär und Steuerbeamte unwegsame Gebiet war ideal zum Schwarzbrennen. Als das berühmte Gesetz von 1823 für eine Befriedung sorgte und konsequenterweise Straßen gebaut wurden, um seine Einhaltung zu kontrollieren, blühte die Speyside erst recht auf, weil die Transportwege einfacher wurden. Der Bau einer Eisenbahn brachte zusätzliche Chancen. Ihre Trasse ist heute der Speyside Way.

Am besten lässt man das Auto in Tomintoul stehen, Schottlands höchstgelegenem Dorf, wo ein Whisky Castle einer der besten Whiskyläden des Landes ist (obwohl man hier einmal bemerken muss, dass es sich wegen der exzessiven Steuer kaum lohnt, Whisky in seinem Herkunftsland zu kaufen), und schaut, dass man irgendwie an den Fluss hinunter kommt. Die nächsten Stunden, vielleicht Tage können die schönsten Geschenke bieten, die dieses Leben zu geben hat: eine wunderbare Landschaft, reinste Luft, einen lachsreichen Fluss, an dem sich wie an einer Perlenschnur die

MASH HOUSE

WO ICH AUCH BIN, IN WELCHEM KÖNIGREICH,
IN WELCHER GRAFSCHAFT,
ALLES, WAS MEIN GESCHMACK ZU FINDEN SUCHT,
IST GERSTENSAFT.
(FREI NACH) WILLIAM GOLDSMITH

... UND WIRD, IN DER REGEL, ETWAS ERLEBEN, WAS SO SCHOTTISCH IST WIE DER WHISKY: DIE ÜBERWÄLTIGENDE GASTFREUNDSCHAFT.

Brennereien reihen wie sonst nur noch die Schlösser am Rhein. Man wandert eine halbe Stunde und stößt auf eine Brennerei. Vielleicht steht an ihr „Nur für Geschäftsbesuche". Man sollte sich nicht abhalten lassen, trotzdem höflich anzufragen, ob man nicht einmal einen Blick hineinwerfen dürfe ...

... Und wird, in der Regel, etwas erleben, was so schottisch ist wie der Whisky: die überwältigende Gastfreundschaft. Es wird sich fast immer ein Mitarbeiter finden, der ein paar Minuten Zeit hat und vorführt, wo „sein" Whisky gemacht wird. Und oft genug geschieht es auch, dass er den Besucher nicht ziehen lässt ohne den berühmten „one for the road", vielleicht sogar serviert in einem quaich, dem alten schottischen Trinkgefäß, mit dem man Gäste begrüßt und verabschiedet. Das wird gefüllt mit jener köstlichen Flüssigkeit, die an Ort und Stelle genossen natürlich noch besser mundet und ein überzeugender Beweis dafür ist, dass der Gastgeber jeden Grund zum Stolz auf „seinen" Whisky hat. Ein solches dram kann die berühmten Zweifingerbreit beinhalten, aber, weil ein dram, ein Schluck Whisky, nicht allgemein verbindlich, sondern von der Großzügigkeit des Einschenkenden definiert ist, können die zwei Finger oft sehr weit gespreizt sein. Von wegen die Schotten seien geizig ...

So gestärkt kann man sich wieder auf den Weg machen – in der beruhigenden Gewissheit, dass nach zwanzig Minuten, einer halben Stunde am anderen Ufer des Flusses die nächste Destillerie wartet, mit offenen Türen und einem neuen dram. Und so werden die Brennereien dann zunächst von außen bestaunt, nimmt man in sich auf, wie und wo sie liegen, was ihre Besonderheit ist, atmet den Ortsgeist ein und wird das nächste Mal mit einem ganz anderen Bewusstsein die Flaschen öffnen, die da von Dailuaine und Imperial kommen, von Cardhu, der Heimat von Johnnie Walker, Knockando und Tamdhu, von Cragganmore (die nur für „friends of the classic malts" offen ist, aber das kann jeder kostenlos werden), Glenfarclas und Glenallachie. Die Letztgenannte liegt am Eingang des Örtchens Aberlour, von wo aus man auf der anderen Seite des Flusses und hoch über ihm Macallan sieht, ehe man am Ausgang die gleichnamige Brennerei findet und bald darauf den Ort Craiggellachie mit einer weiteren Destillerie – und einem wunderbaren Hotel.

Man kann den Weg übrigens auch mit dem Fahrrad absolvieren; seine Ränder, zur freiwilligen oder unfreiwilligen Rast geeignet, sind wunderbar weich und laden zu einem erquickenden Schläfchen ein. Kein Auto stört den Radwanderer und seine manchmal vielleicht etwas ausufernden Fahrmanöver. Das Hotel in Craiggellachie bietet übrigens für den, der seine Forschungsreisen in Whiskygläser noch vertiefen will, eine mit nahezu eintausend Whiskysorten bestückte Bar – und uns einmal die Gelegenheit, ein paar Worte zu verlieren über Übernachten und Essen in Schottland. Ersteres hat unter der Meinung zu leiden, dass es extrem teuer sei, und Letzteres vor allem unter dem Vorurteil, dass es schlecht sei – das eine ist so falsch wie nur bedingt richtig das andere.

Hotels können in der Tat extrem teuer sein, dafür bieten die besten allerdings auch einen Komfort, der nicht alltäglich ist. Das Problem ist, dass oft das Preis-Leistungs-Verhältnis nicht stimmt. Man ist aber auf Hotels gar nicht angewiesen, weil es die Alternative, um nicht zu sagen die Institution des B&B gibt, das Übernachten bei Privatleuten, die ein Bett anbieten und ein – meist viel zu opulentes – Frühstück, von dem viele glauben, es sei das Beste, was die schottische Küche aufzuweisen habe. B&B ist nicht nur preisgünstig, es ist einfach zu handhaben, weil es Verzeichnisse gibt und man in jedem Tourist Office die Übernachtung für den nächsten Abend vorbuchen kann. Und es bietet die Möglichkeit, Bekanntschaften zu schließen, aus denen oft Freundschaften werden.

In Craigellachie findet man unmittelbar neben dem Hotel ein solches B&B. Viele wählen diese Möglichkeit und benutzen Hotels nur zum Essen. Essen in Schottland darf man nicht mit dem verwechseln, wofür die englische Küche berüchtigt war. Sie war es, weil sich im letzten Jahrzehnt auf der Insel Unglaubliches getan hat. In Schottland freilich gab es schon immer eine kulinarische Kultur, die sich gerade auch in einfachen Gerichten manifestiert und einerseits auf die hervorragenden Produkte des Landes – Rind, Lamm, Wild, Fische, Hummer, Jakobsmuscheln – zurückzuführen ist und andrerseits auf die alte, traditionelle Freundschaft mit Frankreich. Schottland is(s)t eben nicht nur Haggis, obschon diese spezielle Form einer schottischen Leberwurst (und etwas anderes ist das nicht, was eine verballhornte Form des französischen Haschees darstellt) köstlich munden kann,

ESSEN IN SCHOTTLAND DARF MAN NICHT
MIT DEM VERWECHSELN, WOFÜR DIE ENGLISCHE KÜCHE
BERÜCHTIGT WAR.

NICHTS SCHÖNERES, ALS IM DORF ZU ÜBERNACHTEN UND AM ABEND... EINEN SPAZIERGANG ZU UNTERNEHMEN...

wenn sie ein guter Metzger gut gewürzt hat und sie als „Haggis and tatties and nippies", also mit Kartoffel- und Rübchenpüree und einem kräftigen Schuss Whisky verfeinert serviert wird.

Nach einem stärkenden Mahl im Hotel oder gleich nebenan im „Highland Inn" und einem erquickenden Schlaf im B&B hat man genug Kräfte gesammelt, um, vielleicht versehen mit einer kleinen Infusion im „Fiddichside Inn", den nächsten Teil des Speyside Way in Angriff zu neh-men – leider einige Meilen ohne jede Brennerei. Am Ende aber werden die Mühen belohnt, weil man in einem kleinen Dorf ankommt, das sich zu Recht als die Maltkapitale der Welt preist: Dufftown, mit 300 Einwohnern und, je nach Zählweise, neun Destillerien. Die Luft ist geschwängert vom angels' share, den die großzügigen Schotten während der Lagerung ihres Whisky durch Verdunstung an die Engel abgeben, und sehr sauber. Nichts Schöneres, als im Dorf zu übernachten und am Abend, nachdem man vorher bei Fiona im Whisky Shop Malts aller Brennereien des Dorfes in Form von Miniaturen erstanden hat, einen Spaziergang zu unternehmen und, genaue Lokal-studien betreibend, vor jeder Destille den passenden Malt zu probieren.

Das Dorf ist zweigeteilt: Links des Fiddich ist das Reich der Grants, mit Balvenie, Kininvie, Convalmore und Glenfiddich als Flaggschiff (unbe-dingt anschauen, weil sie zwar eine sehr große Destillerie ist, aber immer noch sehr traditionell produziert, überdies die einzige in den Highlands, wo man einmal beim Abfüllen der Flaschen zusehen kann – und überdies eine der wenigen, wo der Eintritt frei ist und am Ende der Führung auch noch ein kostenloses dram wartet, das man mit dem Originalwasser verdünnen kann). Auf der anderen Seite des Flusses finden sich die Gebäude der seit langem nicht mehr produzierenden, aber immer noch sehr schönen Brennerei Parkmore, die Doppeldestillerie Glendullan und dann, wieder gegenüber am Ufer des Dullan Water Mortlach. Sie steht Besuchern nicht offen, aber man sollte sie sich dennoch ansehen, schon weil sie einen der von Fachleuten, nämlich schottischen Master Blendern mit am höchsten bewerteten Malts produziert. Am Fluss entlang wandernd kommt man zu einer Kirche, die auf geheiligtem schottischen Grund steht, und dann zu der an eine Mühle erinnernden Dufftown Distillery und über ihr am Hang nach Pittyvaich.

Dufftown ist ein wunderbarer Standort für Sternfahrten – oder für die Familienangehörigen, die nicht nur Whisky im Sinne haben. Für sie gibt es einen „Castle Trail" zu den vielen Schlössern, die meist in der Verwaltung des National Trust of Scotland stehen und oft von wunderschönen Gärten umgeben sind. Kinder (Eltern auch) können auf einem der vielen Golfplätze ihr Talent erproben. Auch mit Angeln kann man einmal sein Glück versuchen, aber das ist ein teures Vergnügen, weil die Flüsse Privatbesitz sind. Andrerseits ist es schon eine besondere Delikatesse, sich einen selbst geangelten Lachs zubereiten zu lassen ...

Kaum glaublich, dass es sogar einen „Whisky Trail" gibt, d.h. nicht dass es ihn gibt, sondern dass er ursprünglich einmal vom AA, einem der großen britischen Automobilclubs eingerichtet wurde. Auch für ihn eignet sich Dufftown als Ausgangspunkt, man kann aber auch in Grantown-On-Spey Quartier beziehen, wo das Coppice Hotel nicht nur eine exzellente Whiskybar anbietet, sondern auch preisgünstige Übernachtung gleich ein Stockwerk höher. Zum Trail gehören Cardhu, Glen Grant, die wunderschöne Strathisla in Keith, Glenfiddich, Glenlivet – und die Speyside Cooperage, wo man einmal sehen kann, wie Fässer entstehen, ein Knochenjob, bei dem per fertigem Fass bezahlt wird, laut und kräfteraubend. Wenn man in Betracht zieht, wie wichtig die Fässer für den Whisky sind, dann kann man sich vor diesen Männern nur hochachtungsvoll und dankbar verbeugen.

Seine Parallele findet der Speyside Trail auf Islay, jener Insel im Westen Schottlands, die mit acht arbeitenden Brennereien gesegnet ist – und auf der Nachbarinsel Jura steht eine weitere. Islay ist berühmt dafür, dass, wer einmal da war, von einer rätselhaften Krankheit erfasst wird, die „Islayitis" heißt und sich darin äußert, dass man zurückkommen will, sobald man die Fähre oder das Flugzeug für die Rückreise betreten hat. Von den gleichen Symptomen wird eigentlich jeder befallen, der sich auf Schottland eingelassen hat: Er/sie will wiederkommen, unbedingt und bald. Und deshalb stehen in diesem Kapitel natürlich sehr viel mehr Empfehlungen, als man bei einem ersten Aufenthalt und in ein paar Tagen ansehen und erleben kann. Was man nicht schafft, erhöht die Vorfreude auf den nächsten Besuch – und für den Novizen, für diejenigen, die das Glück noch vor sich haben, die Sehnsucht, sich bald einmal in den Norden aufzumachen, jenes

Land, das bei Sonnenschein wunderschön ist, bei Regen und im Nebel aber auch (vor allem wenn man sich klar macht, wie wichtig sie für den Scotch sind).

Deshalb soll zum guten Schluss ein Vorschlag dafür stehen, wie ein erster Besuch aussehen könnte. Wir beginnen ihn mit der Empfehlung, nicht gleich nach Edinburgh oder Glasgow zu fliegen, sondern entweder die Fähre nach Hull oder Newcastle zu nehmen (die neue nach Rosyth gegenüber von Edinburgh ist nicht so gut geeignet für das, was wir vorhaben) oder den Flughafen von Newcastle als Ausgangspunkt zu nehmen und sich von dort mit einem Mietwagen in Richtung Jedburgh aufzumachen. Die Grenze nach Schottland überquert man an Carter's Bar – und selbstverständlich sollte man sich die Zeit nehmen, auszusteigen und den Blick hinüberschweifen zu lassen ins Gelobte Land, das Land der erfüllbaren Träume, hinunterzuschauen in das Land Walter Scotts in Richtung Tweed Valley und der Eildon Hills, wo der große Dichter seinerseits gern an Scott's View über Beymerside (dem Stammsitz der Whiskydynastie Haig) saß und sich Anregungen für seine vielen Romane holte, ehe er sich dann in seinem Schloss Abbotsford zum Sterben hingelegt hat, mit Blick auf den Fluss.

Auf dem Weg vom Tweed nach Edinburgh gelangt man, mit einem kleinen, gutausgeschilderten Umweg, zur Glenkinchie Distillery. Kein schlechter Beginn für das genauere Studium der Whiskygeheimnisse und **eine erste Begegnung mit dem „Prozess",** wie die Schotten das Whiskymachen nennen. Es ist im Prinzip überall gleich, aber der Spaß besteht darin, im Lauf der Zeit zu sehen, wie er sich in der einen Brennerei von der nächsten unterscheidet – und selbst zu ergründen, warum wohl jede einen anderen, eigenständigen Malt hervorbringen kann. In Glenkinchie werden modernste interaktive Lernmöglichkeiten ebenso geboten wie das uralte Modell einer Brennerei, die funktioniert und die jedes Kind im Manne (und der Frau) gerne als Ersatz für die Spielzeugeisenbahn im Wohnzimmer hätte.

In Edinburgh sind zwei Adressen ein must: das Scotch Whisky Heritage Centre an der Burg und die Scotch Malt Whisky Society unten am Hafen in Leith. Sie befindet sich in einem uralten Gemäuer, in dem schon vor achthundert Jahren Wein gelagert wurde und ist eine Art Vatikan des

Whisky, offen nur für Mitglieder. Aber man kann ja so tun, als ob man eines werden möchte, um einmal in den traumhaften Clubraum zu kommen und einen oder zwei der hervorragenden cask strengths zu genießen. Über Stirling mit seinem mächtigen Schloss könnte es weiter gehen ins Örtchen Pitlochry, wo Blair Athol Distillery Gäste erwartet und, sozusagen um die Ecke, Schottlands kleinste Brennerei Edradour die Besucher verzaubert, weil sie wirklich noch so aussieht wie eine Farmhausbrennerei des 18. Jahrhunderts. Dann gilt es sich zu entscheiden: Entweder auf der A 9 weiter über Blair Castle und Dalwhinnie Distillery zur Speyside oder durch das traumhafte Glen Shee hinunter ins liebliche Tal des River Dee.

Dort liegt Balmoral. Die Royals wissen, warum sie dort seit den Zeiten Queen Victorias ihre Sommerferien verbringen, am Fuß des imposanten Lochnagar, der der Destillerie seinen Namen gegeben hat. Auf seiner Rückseite besitzt Prinz Charles eine Art Jagdhaus am Ufer des Loch Muick, dessen Umrundung vielleicht die allerschönste Wanderung in Schottland ist. Zu erreichen ist er von dem kleinen Örtchen Ballater aus, das man auch ein, zwei Tage als Standquartier nutzen kann. Eine originelle (und gute) Herberge ist das Auld Kirk Hotel mit Zimmern auf der Empore und Speisen in der Sakristei! Sich dem Norden zuwendend gelangt man in die Speyside, die nicht weiter vorgestellt werden muss und die man in Richtung Elgin verlässt, der eigentlichen Hauptstadt des Gebietes, wo auf jeden Fall der schicke Laden von Gordon & MacPhail, dem größten unabhängigen Abfüller, einlädt und, gleich um die Ecke, eine weitere zweckentfremdete Kirche, die den Geist heute in flüssiger Form über die Besucher gießt.

In Inverness nach einem Besuch der zum Museum gewordenen Dallas Dhu Distillery und des Schlachtfeldes von Culloden angekommen, muss man sich entscheiden, was wohl vom Zeitbudget abhängig ist: Ein Abstecher in den Norden lohnt sich, nach Dalmore, Glenmorangie, nach Clynelish und vielleicht sogar auf die Orkneys zu Scapa und Highland Park. Wer nicht so viel Zeit hat und trotzdem noch nicht gleich Richtung Heimat reisen will, sollte Glen Ord mit der Brennerei und den großen Maltings ansehen und auf jeden Fall ins Glen Affric fahren, wo Schottland noch so aussieht wie im Mittelalter, und am Loch Ness und dem Caledonian Canal entlang Richtung Fort William. Eine Insel muss sein und deshalb bietet es

MALT WHISKY HOLDS WITHIN IT THE CLIMATES AND
CHARACTERS OF SCOTLAND – EACH ONE IS A DISTILLATION
OF ITS LOCALITY.

TREVOR CONAN, MASTER BLENDER

sich an, die A 887 und die Brücke nach Skye zu nehmen und, nach dem Besuch von Talisker, die Fähre zurück zum Festland, wo am Ufer des Loch Shiel in Glenfinnan ein weiteres empfehlenswertes Hotel steht – und ein Turm an Bonnie Prinz Charlie erinnert und daran, wie hoffnungsvoll sein Versuch begonnen hat, Schottlands Königskrone zurückzuerobern.

Vorbei an Fort William, wo Ben Nevis, der größte Berg Großbritanniens, nur selten sein Haupt enthüllt, führt der Weg nach Oban mit dem verrückten Monument eines nachgebauten römischen Colosseums, das aussieht, als ob es die örtliche Destillerie krönt. Sie wird die letzte sein, die uns auf dieser Reise begegnet, die letzte jedenfalls, die man besichtigen kann. Aber bevor der Abschied naht, warten noch die Fahrt zum Loch Lomond mit seinen von Robert Burns besungenen „bonnie banks" und vor allem Glasgow. Auch hier nur zwei Tipps: die Lokale „Horse Shoe Bar" mit ihrem langen Tresen und das „Babbity Bowster", einer der urigsten Pubs des Landes. Man kann von Glasgow aus zurückfliegen (oder vom nahe gelegenen Prestwick), man kann die Autobahn in den Süden nehmen. Aber der schönste Abschied von Schottland ist ein Besuch in Ayrshire. Zwei der größten Schotten kann man so seine Reverenz erweisen: John Walker, dem man in Kilmarnock endlich doch noch ein Denkmal gewidmet hat, und Robbie Burns, dem Nationalpoeten, der in diesen Gefilden geboren wurde und gelebt hat, zeitweise als Steuereintreiber. Mit seinen Gedichten hat er sich selbst, Schottland und dem ein Denkmal gesetzt, was nach einer solchen Reise jeder für Schottlands bestes Geschenk an die Welt halten wird: **SCOTCH WHISKY – DAS WASSER DES LEBENS.**

MEHR ÜBER WHISKY steht im „Malt Note Book" und „Malt Whisky Guide" von Walter Schobert, die im selben Verlag erschienen sind. Ausführliche Informationen über diese und andere Bücher für Genießer sind erhältlich bei
HÄDECKE VERLAG; D-71256 Weil der Stadt, Fax +49 (0)7033-1380813
info@haedecke-verlag.de sowie www.haedecke-verlag.de